U0687986

2023年
中国互联网学习发展报告
——人工智能教育（基础教育领域）
发展报告

教育部教育管理信息中心
数字学习与教育公共服务教育部工程研究中心　编著
南方科技大学未来教育研究中心
科大讯飞股份有限公司

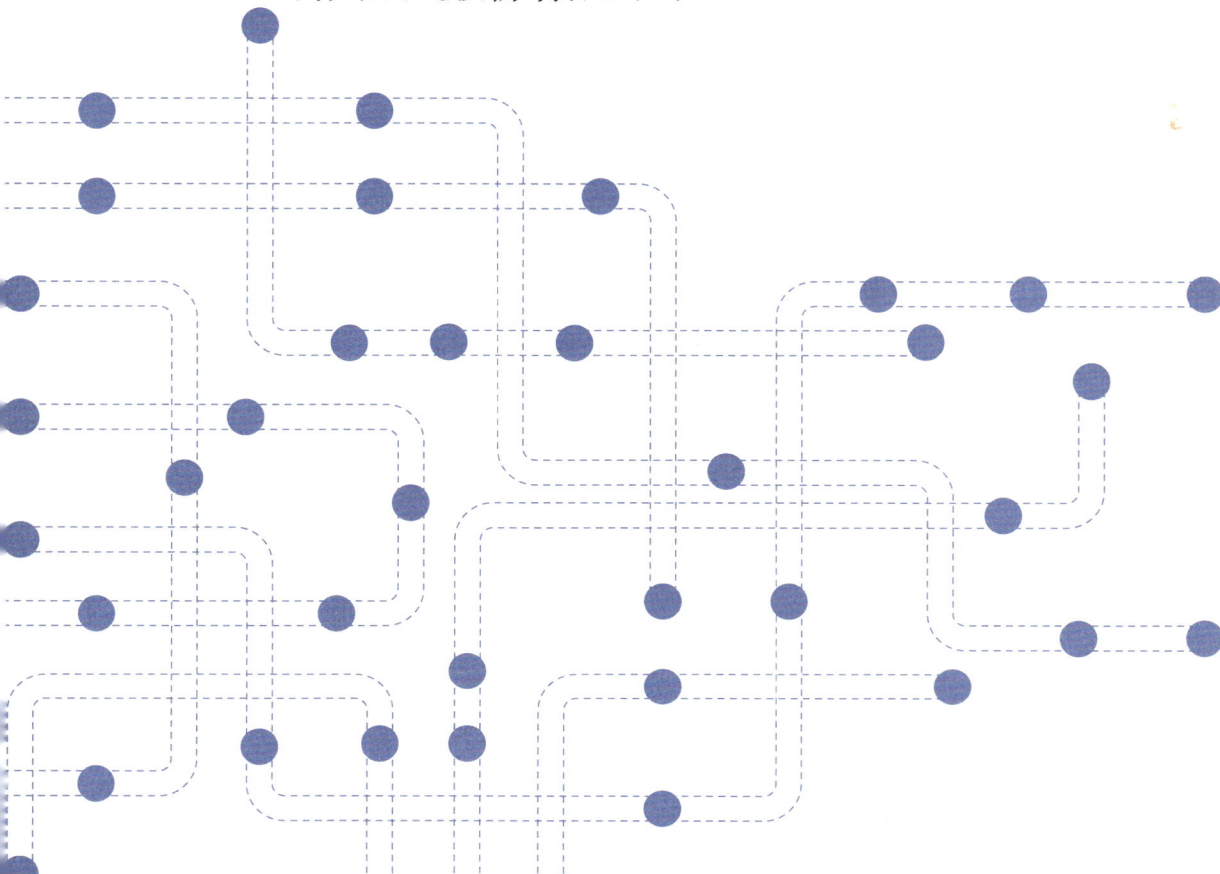

上海教育出版社
SHANGHAI EDUCATIONAL
PUBLISHING HOUSE

图书在版编目（CIP）数据

2023年中国互联网学习发展报告. 人工智能教育（基础教育领域）发展报告 / 教育部教育管理信息中心等编著. —上海：上海教育出版社，2024.4
ISBN 978-7-5720-2614-0

Ⅰ.①2… Ⅱ.①教… Ⅲ.①教育工作 – 信息化 – 研究报告 – 中国 – 2023 Ⅳ.①G52

中国国家版本馆CIP数据核字(2024)第075357号

策划编辑　刘美文
责任编辑　李清奇
封面设计　周　亚

2023年中国互联网学习发展报告——人工智能教育（基础教育领域）发展报告

教育部教育管理信息中心　数字学习与教育公共服务教育部工程研究中心
南方科技大学未来教育研究中心　科大讯飞股份有限公司　编著

出版发行　上海教育出版社有限公司
官　　网　www.seph.com.cn
地　　址　上海市闵行区号景路159弄C座
邮　　编　201101
印　　刷　常熟市华顺印刷有限公司
开　　本　889×1194　1/16　印张 5.25
字　　数　106 千字
版　　次　2024年6月第1版
印　　次　2024年6月第1次印刷
书　　号　ISBN 978-7-5720-2614-0/G·2305
定　　价　68.00 元

如发现质量问题，读者可向本社调换　电话：021-64373213

编 委 会

主 编

马 涛　北京教育学院丰台分院

副 主 编

张泽治　青岛市崂山区教育和体育局

项目负责人

刘曦崴　教育部教育管理信息中心《中国教育信息化》杂志社

编委（以姓氏拼音为序）

包昊罡　中国教育科学研究院

金　文　北京市海淀区教师进修学校

李晓梅　青岛市教育装备与信息技术中心

刘啸宇　上海人工智能实验室智能教育中心

罗明勇　北京师范大学第二附属中学

彭绍航　北京市海淀区翠微小学

王　颖　北京市朝阳区教育研究中心

吴淑豪　北京爱成长博乐托育服务有限公司

杨福利　北京市海淀区中关村第二小学

郑志宏　北京市海淀区教育科学研究院

参编人员（按姓氏拼音为序）

高永梅　北京市十一学校

韩　冰　北京教育学院丰台分院

李小春　北京教育学院丰台分院

聂　璐　北京市十一学校

王志勇　哈尔滨市道里区教育信息中心

肖　明　北京市海淀区教育科学研究院

杨森林　首都师范大学附属中学

袁中果　北京人民大学附属中学

研究支持单位

北京教育学院丰台分院

鸣　谢

支　梅　北京教育学院丰台分院院长

陈美玲　北京圣陶教育研究院副院长

前　言

自 2017 年以来，随着国务院发布《新一代人工智能发展规划》，教育部教育管理信息中心便开始编制《人工智能教育（基础教育领域）发展报告》。该报告系列，作为《中国互联网学习发展报告》的一部分，每年更新一次，记录了中国基础教育的人工智能教育发展历程。

党的二十大报告强调了加速推进人工智能发展和教育现代化的重要性，目的是通过科教创新培育符合未来社会需求的高素质人才。在信息技术飞速进步的今天，人工智能已经成为全球科技创新和产业升级的核心驱动力。本报告深度追踪分析了中国基础教育阶段人工智能教育的发展情况，提供了宝贵的数据支持和分析，为政策制定、教学实践和学术研究提供参考。

通过综合考察各地区人工智能教育的政策响应、教学实践、课程设置、师资力量、学生参与度以及社会影响等方面的数据，本报告旨在展现中国基础教育阶段人工智能教育的全貌和发展趋势，通过分析中小学人工智能课程内容、教材、教学环境、师生能力评估、教学理念等，反映了当前中小学人工智能课程的年度发展情况，同时还探讨了人工智能技术在教育数字化转型中的作用以及在教育应用场景中的赋能作用。本报告通过案例研究和数据分析，评估了人工智能教育在提升学生的科学素养、逻辑思维和创新能力方面的有效性，并考察了该教育领域面临的挑战与未来机遇，提出了符合国家教育发展战略的建议和对策。

随着国家战略的深入推进和社会经济的持续发展，人工智能教育的政策框架日渐完善，为基础教育阶段的人工智能教育创造了良好的发展环境。本报告基于全国范围内的案例和数据分析，不仅客观、全面地呈现了中国基础教育阶段人工智能教育的当前状态，也期望通过政策和实践的有效结合，推动教学模式创新，激发学生的学习热情和创造力。

我们相信，随着人工智能教育在基础教育阶段的进一步深化和拓展，结合国家政策的有力支持，将有助于培养更多具有创新思维和实践能力的人才，为中国教育现代化和创新型国家建设做出重要贡献。在此，我们对教育部教育管理信息中心、北京师范大学、南方科技大学、北京教育学院丰台分院等单位的专家和领导表示感谢，并感谢报告团队多年来的辛勤工作和密切合作。我们期待本报告能够引起更广泛的社会关注和讨论，共同推进中国基础教育阶段人工智能教育的持续健康发展。

目 录
CONTENTS

第一章

CHAPTER 1
人工智能技术及产业发展

2022 至 2023 年是生成式人工智能重要发展的两年。生成式人工智能是指利用深度学习等技术，根据输入的数据或条件，自动创造出新的内容或结果的人工智能。随着生成式人工智能算法的发展，各类基于大模型的生成式人工智能应用层出不穷，极大地改变着当前数字时代人们的工作方式。人工智能是新一轮科技革命和产业变革的重要驱动力，是国家战略的重要组成部分，是未来国际竞争的焦点和经济发展的新引擎。

2023 年 4 月 11 日，国家互联网信息办公室为促进生成式人工智能技术健康发展和规范应用，发布《生成式人工智能服务管理办法（征求意见稿）》。征求意见稿对面向中华人民共和国境内公众提供服务的生成式人工智能产品进行规范管理，着重鼓励优先采用安全可信的软件、工具、计算和数据资源，支持基础技术的自主创新，并要求生成式人工智能产品或服务应当遵守法律法规，尊重社会公德、公序良俗。技术的自主可控与所需遵循的安全伦理标准依旧是国家关注的重点，该征求意见稿是我国对生成式人工智能治理的初步尝试。

在教育场景下，生成式人工智能的发展也为教育场景带来了重要的变化。一方面，生成式人工智能可以为教育提供更多的资源和可能性，既包括人工智能赋能教育的新型应用，也包括人工智能课程领域的新内容；另一方面，生成式人工智能也给教育带来了一些挑战和风险，合理的应用技术是人工智能课程领域必须包含的内容，合理的规范应用是人工智能赋能教育领域的基本要求。

1.1 人工智能算法技术的发展

人工智能算法技术指的是用于模拟、模仿人类智能行为，实现自主学习和自主决策的计算机算法和方法。这些算法和技术被设计用来处理复杂的数据、理解自然语言、分析图像、做出决策以及执行各种任务，使计算机能够执行类似于人类智能的操作。这些技术包括机器学习、深度学习、自然语言处理、计算机视觉、强化学习和其他相关领域的算法和方法。计算机视觉、自然语言处理以及知识图谱一直是本报告关注的核心人工智能算法技术。2022 至 2023 年，人工智能算法技术，尤其是基于 Transformer 算法架构的大模型，取得了突破性的进展。算法的突破进展促使了计算机视觉、自然语言处理和知识图谱三个领域的融合应用，并展现了强大的能力和潜力。

1.1.1 计算机视觉算法技术的发展

计算机视觉是指让计算机具有类似于人类视觉的功能，能够从图像或视频中获取信息、理解内容和执行任务的技术。2022 至 2023 年，计算机视觉主要有以下几个方面的发展：

（1）基于 Transformer 的计算机视觉模型

Transformer 是一种基于自注意力机制的深度学习架构，最初用于自然语言处理领域，后来被广泛应用于其他领域，包括计算机视觉领域。基于 Transformer 的计算机视觉模型可以更好地捕捉图像中的全局依赖关系，提高图像的表示能力和泛化能力。

2020 年谷歌团队提出 ViT（Vision Transformer），将 Transformer 应用在图像分类的模型上。ViT 模型因其"简单""效果好""可扩展性强"，成为 Transformer 在计算机视觉领域应用的里程碑作品，也引爆了 Tansformer 在计算机视觉的相关研究。ViT 被应用在计算机视觉的各个领域，比如各种视觉识别任务（如语义分割、目标检测、人脸识别等）、生成任务（如图像生成、图像修复、图像风格迁移等）、多模态任务（如视觉问答、图像描述、视频理解等）。2023 年基于 ViT 模型提出的 GPViT 在语义分割任务中获得了较好的效果。

（2）大规模的计算机视觉模型

大规模的计算机视觉模型是指利用大量的数据、参数和计算资源，训练出具有高性能和高泛化能力的计算机视觉模型的技术。2021 年，OpenAI 提出 CLIP（Contrastive Language-Image Pre-training），它是一种利用对比学习，在大规模语言—图像对上进行预训练，并可以在零样本或少样本条件下实现多种视觉任务（如图像分类、物体检测、图像检索等）的技术。

2022 至 2023 年，大规模的计算机视觉模型取得了重大进展。2022 年 4 月 13 日，OpenAI 发布 DALL·E2，其效果比第一个版本更加逼真，细节更加丰富且解析度更高。2023 年 9 月 19 日，商汤提出的绘画大模型 RAPHAEL 包含 30 亿参数，实际测试可以生成多种艺术风格的图像，例如写实、赛博朋克、水墨画等，在图像质量和美感方面非常出色。

1.1.2　自然语言处理算法技术的发展

自然语言处理是指让计算机具有理解和生成自然语言（如中文、英文等）的能力，以及利用自然语言进行交互和沟通的技术。2022 至 2023 年，自然语言处理主要有以下几个方面的发展。

（1）基于 Transformer 的自然语言处理模型

基于 Transformer 的自然语言处理模型是指利用 Transformer 架构，对自然语言进行编码、解码或生成的模型。2022 至 2023 年，基于 Transformer 的自然语言处理模型取得了重大突破，以此为核心算法的大语言模型聊天助手极具创造力。2022 年 11 月 30 日，OpenAI 发布了 GPT-3.5 预训练大模型以及以此为基础的全新对话式人工智能模型 ChatGPT。2023 年 3 月 14 日，OpenAI 正式发布 GPT-4 预训练大模型，该模型支持图像和文本输入，并以文本形式输出。

2023 年 2 月 20 日，中国第一个对话式大型语言模型 MOSS 由复旦大学自然语言处理实验室邱锡鹏教授团队发布，并后续开源。MOSS 模型的开源为自然语言处理领域带来了新的发展机遇，它的多项技术亮点也值得研究者们深入关注和探索。2023 年 9 月 20 日，上海人工智能实验室与商汤科技联合香港中文大学和复旦大学推出书生·浦语大模型（InternLM）200 亿参数版本 InternLM-20B，并在阿里云魔搭社区（ModelScope）开源首发。InternLM-20B 大模型以不足三分之一的参数量，达到了当前被视为开源模型标杆的 Llama2-70B 的能力水平。

（2）大规模的自然语言处理模型

大规模的自然语言处理模型（简称"大语言模型"）是指利用大量的数据、参数和计算资源，训练出具有高性能和高泛化能力的自然语言处理模型的技术，部分由国内外研究机构或人工智能企业发布的经典的大语言模型如表 1-1 所示。

表 1-1　部分大语言模型统计表

模型	尺寸	预训练数据规模	发布机构	开放性	发布时间
T5	11 B	1 T tokens	谷歌	开源	2019 年 10 月
GPT3	175 B	300 B tokens	OpenAI	闭源	2020 年 5 月
LlaMA	65 B	1.4 T tokens	Meta	开源	2023 年 2 月
GPT4	—	—	OpenAI	闭源	2023 年 3 月
ChatGLM	6 B	—	清华大学和智谱 AI	开源	2023 年 3 月
CPM-BEE	10 B	638 B tokens	OpenBMB	开源	2023 年 5 月
baichuan	7 B	1.2 T tokens	百川智能	开源	2023 年 8 月
InternLM	104 B	1.6 T tokens	上海人工智能实验室	开源	2023 年 7 月

（注：1. OpenBMB 是清华大学 NLP 实验室联合智源研究院成立的开源组织。2. 表中单位 B 代表 10 亿，T 代表万亿。）

1.1.3　知识图谱算法技术的发展

知识图谱是指利用图结构表示实体、属性、关系等知识元素，以及它们之间的语义联系的技术。2022 至 2023 年，知识图谱主要有以下几个方面的发展：

（1）基于 Transformer 的知识图谱表示学习模型

知识图谱表示学习是指利用机器学习方法，将知识图谱中的实体和关系映射到低维向量空间，以便进行知识推理和发现的技术。基于 Transformer 的知识图谱表示学习模型可以更好地捕捉实体和关系之间的复杂依赖关系，提高知识图谱的表达能力和推理能力。2023 年 1 月发布的"知识增广的预训练语言模型 K-BERT（Knowledge-Enhanced BERT）"是一种利用知识图谱中的实体和关系信息，增强 BERT 模型在自然语言理解任务上的性能的模型。2023 年 5

月发布的"具备主题实体意识的知识增强预训练语言模型 KEPLER（Knowledge-Enhanced Pre-trained Language model with Entity Representations）"是一种将实体表示和文本表示统一到同一个向量空间，并利用知识图谱中的三元组信息进行预训练的模型。

（2）大规模的知识图谱构建和应用技术

大规模的知识图谱构建和应用技术是指利用大量的数据、算法和计算资源，构建出覆盖多个领域、多个语言、多个层次的知识图谱，并将其应用于多种任务和场景的技术。由中国中文信息学会语言与知识计算专业委员会倡导的开放知识图谱项目 OpenKG（Open Knowledge Graph），是一种开放的、跨领域的、跨语言的、跨层次的知识图谱平台，主要提供丰富的知识图谱数据集、工具和服务。

伴随着技术的发展，计算机视觉、自然语言处理和知识图谱三个技术领域出现了更多的融合交叉，更高层次和更跨领域的任务和应用开始出现。2022 至 2023 年，这三类技术的融合应用在多个任务方面取得了创新和突破，例如视觉问答 VQA（Visual Question Answering）。VQA 是一种利用计算机视觉和自然语言处理技术，根据给定的图像和自然语言问题，生成相应的自然语言答案的技术。通俗地说，就是输入一张图片和一个问题，模型会给出对应的答案。伴随大模型技术的发展，VQA 开始出现了更丰富的应用。2023 年 10 月，上海人工智能实验室推出首个图文混合创作大模型书生·浦语灵笔（InternLM-XComposer）（见图 1-1），并宣布开源。浦语灵笔接受视觉、语言模态的输入，不仅在图文对话方面表现优秀，还具备"一键"生成图文混合文章的创作能力（见图 1-2）。

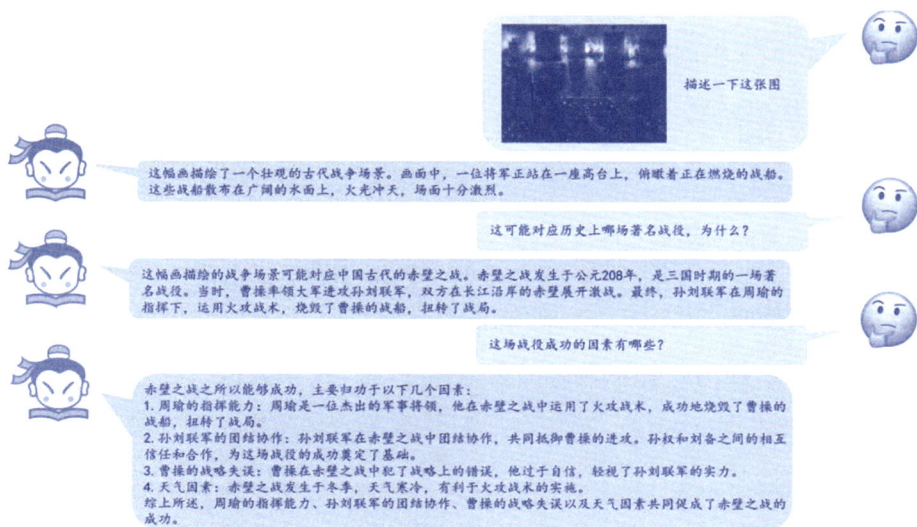

图 1-1　书生·浦语灵笔图文对话示例

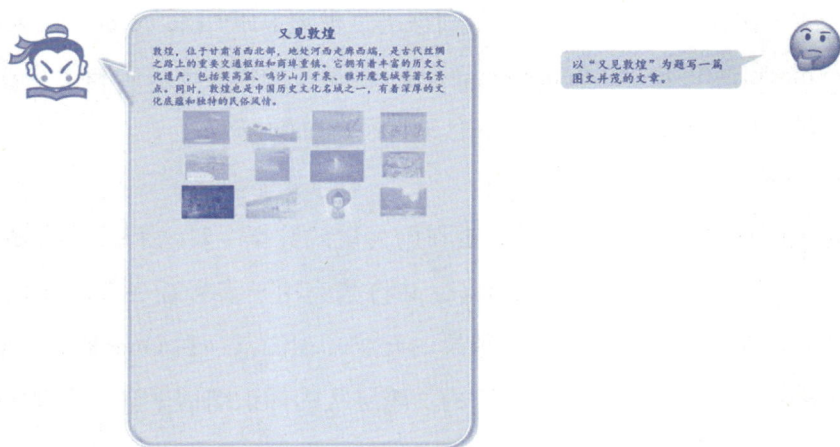

图 1-2　书生·浦语灵笔生成图文混合文章示例

从算法技术角度来说，2022 至 2023 年，人工智能算法继续向着大模型的方向发展，并且出现了大量生成式模型的应用，如讯飞星火、浦语、文心一言等大语言模型应用，书生·浦语灵笔、商汤秒画、通义万相等多模态大模型应用。这些应用的出现正在带来生产、生活方式的变革，但是随之而来的还有很多道德、法律、伦理问题。为了合理、和谐地发展具有独立自主知识产权的生成式人工智能技术，2023 年 7 月 10 日，国家网信办、发改委等七部委在《生成式人工智能服务管理办法（征求意见稿）》的基础上正式发布《生成式人工智能服务管理暂行办法》，这是我国首个针对生成式人工智能产业的规范性政策，明确了生成式人工智能"提供者"内容生产、数据保护、隐私安全等方面的法定责任及法律依据，确立了人工智能产品的安全评估规定及管理办法。

1.2　人工智能产业应用的发展

人工智能算法技术的持续发展促进人工智能产业应用的不断更新。为了保障我国的人工智能产业应用走在世界前列，2021 年，工业和信息化部发布了《新型数据中心发展三年行动计划（2021—2023 年）》，提出要加快建设新型数据中心，推动数据中心与云计算、大数据、人工智能等新一代信息技术深度融合。2022 年，科技部等六部门出台了《关于加快场景创新以人工智能高水平应用促进经济高质量发展的指导意见》（以下简称《指导意见》），系统指导各地方和各主体加快人工智能场景应用，推动经济高质量发展。《指导意见》明确要着力围绕打造人工智能重大场景，鼓励在制造、农业、物流、金融、商务、家居、城市管理、交通治理、生态环保、医疗健康、教育、养老等领域深入挖掘人工智能技术应用场景，促进智能经济高端高效发展，以更智能的城市、更贴心的社会为导向，开展智能社会场景应用示范，推动人工智能技术成为解决重大科学问题的新范式，为重大活动和重大工程提供技术支撑。

根据工业和信息化部的统计数据，结合 2023 年前三季度发展情况，我国人工智能核心产业规模不断增长，企业数量超过 4400 家。我国人工智能企业在智能芯片、基础架构、操作系统、工具链、基础网络、智能终端、深度学习平台、大模型和产业应用领域的创新创业活动，为自主可控技术体系的构建和产业国际竞争力的提升奠定了基础。2022 年，我国人工智能市场规模超过了 2840 亿元，预计 2023 年全年我国人工智能市场规模将达到 3200 亿元。

根据麦肯锡的最新年度全球调研结果，2023 年是生成式 AI 的突破之年，生成式 AI 工具遍地开花，各组织均在快速部署。根据麦肯锡报告《生成式 AI 的经济潜力：下一个生产力前沿领域》，在中国，生成式 AI 将对先进制造、电子和半导体及消费品等行业带来最大效益（见图 1-3）。

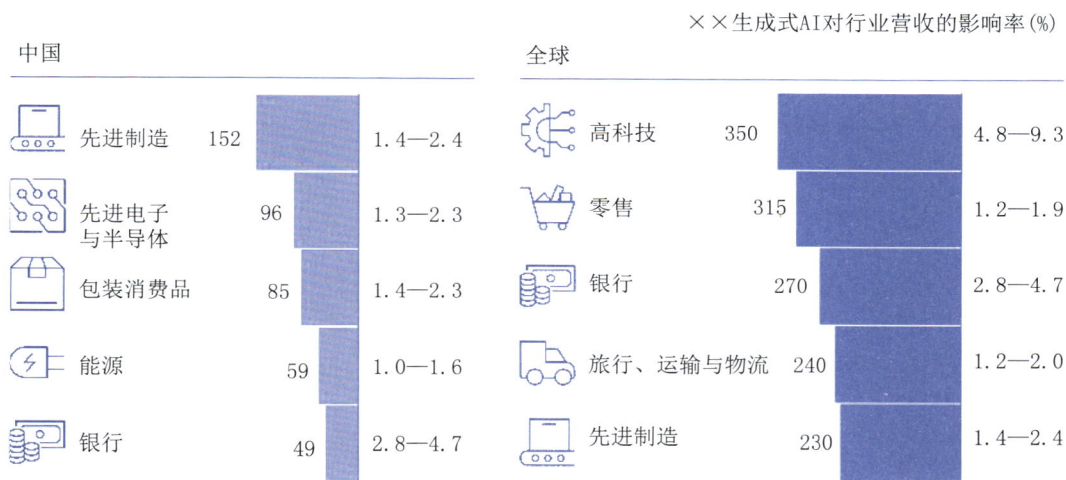

图 1-3　生成式 AI 为各行业创造的经济效益（前五大行业）

而 2023 年最典型的生成式 AI 应用就是基于大语言模型的聊天助手。2022 年 11 月 30 日，OpenAI 发布基于 GPT 大语言模型的聊天助手 ChatGPT。2023 年，各类基于大语言模型的聊天助手相继发布，具体如表 1-2 所示。

表 1-2　部分大语言模型聊天助手统计表

聊天助手名称	发布机构	发布时间
ChatGPT	OpenAI	2022 年 11 月 30 日
MOSS	复旦大学	2023 年 2 月 20 日
文心一言	百度	2023 年 3 月 27 日
通义千问	阿里云	2023 年 4 月 7 日
商量	商汤科技	2023 年 4 月 10 日

续 表

聊天助手名称	发布机构	发布时间
泰坦（Titan）	亚马逊云	2023 年 4 月 13 日
天工	昆仑万维	2023 年 4 月 17 日
星火	科大讯飞	2023 年 5 月 6 日
浦语	上海人工智能实验室	2023 年 6 月 7 日
盘古	华为云	2023 年 7 月 7 日
混元	腾讯	2023 年 9 月 7 日

除了基于大语言模型的产业应用以外，大模型还应用在其他诸多产业中，比如 2023 年 4 月 7 日，上海人工智能实验室联合中国科学技术大学、上海交通大学、南京信息工程大学、中国科学院大气物理研究所及上海中心气象台发布全球中期天气预报大模型"风乌"。运用"风乌"大模型，全球气象有效预报时间首次突破 10 天。

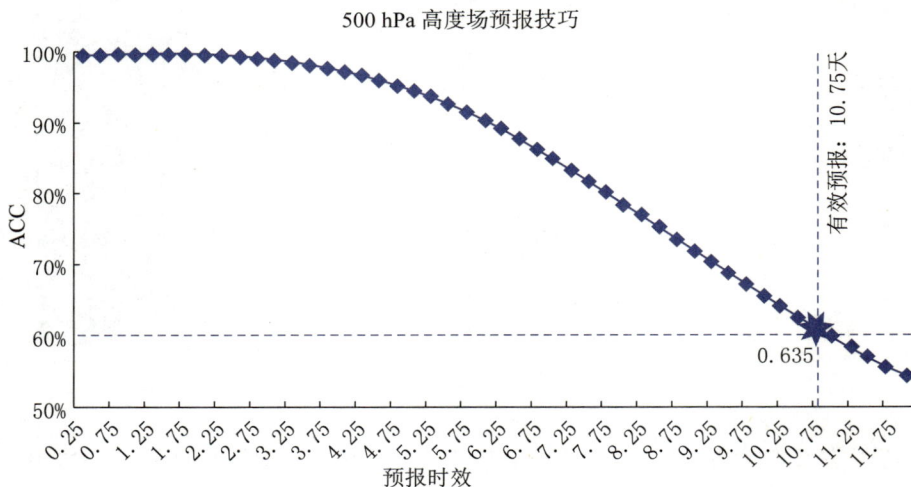

图 1-4 "风乌"大模型 500 hPa 高度场预报技巧

2022 年以来，人工智能产业应用逐步丰富，应用场景趋向多元化，2023 年又是生成式 AI 与大模型蓬勃发展的一年。得益于人工智能产业应用的新发展，全球对人工智能相关人才的需求仍在上涨。据麦肯锡研究报告《2023 年人工智能发展现状：生成式 AI 的突破之年》，为支持人工智能目标而需要的人才岗位已发生变化（见图 1-5）。过去一年，应用人工智能技术的企业招募最多的岗位是数据工程师、机器学习工程师和 AI 数据科学家。而受访者反映，许多人工智能岗位的招聘难度在 2022 年后有所下降，这也从侧面说明了近年来培养的人工智能人才正在不断满足人工智能岗位需求。

○ 2022　● 2023

难度较低 ←──────────────→ 难度较高

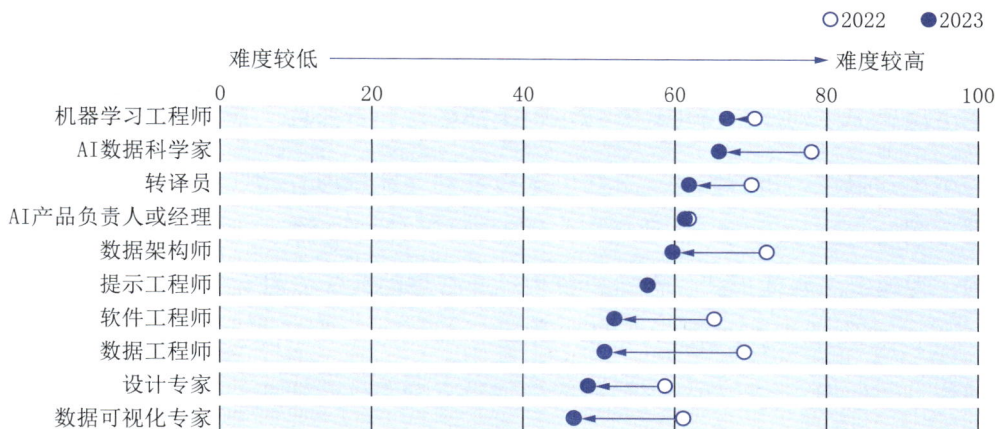

图 1-5　人工智能岗位及人才招聘难度

1.3　人工智能在基础教育领域的发展

2022 年 4 月，教育部发布新修订的《义务教育课程方案和课程标准》中，将"信息科技"设置为和语文、数学等平行的必修新科目，要求以数据、算法、网络、信息处理、信息安全、人工智能为课程逻辑主线。

2022 年 7 月 29 日，科技部等六部门联合印发了《关于加快场景创新以人工智能高水平应用促进经济高质量发展的指导意见》，针对教育领域，要求积极探索在线课堂、虚拟课堂、虚拟仿真实训、虚拟教研室、新型教材、教学资源建设、智慧校园等场景。

2022 年 8 月 12 日，科技部又公布了《关于支持建设新一代人工智能示范应用场景的通知》，提出了对智能教育场景的建设意见，具体为：针对青少年教育中"备、教、练、测、管"等关键环节，运用学习认知状态感知、无感知异地授课的智慧学习和智慧教室等关键技术，构建虚实融合与跨平台支撑的智能教育基础环境，重点面向欠发达地区中小学，支持开展智能教育示范应用，提升优质教育资源覆盖面，助力乡村振兴和国家教育数字化战略实施。

生成式人工智能在 2022 至 2023 年取得了巨大的进步，为各个领域带来了革命性的变化，对于基础教育领域的改变也不例外。人工智能在基础教育领域的发展包含两个方向：一个是在基础教育阶段开设人工智能课程，以培养学生智能数字时代必备的核心素养；另一个是用先进的人工智能技术赋能教育，以保障教育合理、有效、公平的发展，提升教育质量。结合生成式人工智能的发展，我们认为应当在以下三个方面关注人工智能对教育（包括课程与赋能教育两个方面）的影响。

第一，生成式人工智能正在赋能诸多行业，改变人们的工作方式。在培养学生核心素养的基础教育阶段，应当考虑在信息科技课程中补充人工智能学习单元，或者开展独立的人工智能课程，以培育学生智能意识、智能思维、智能数字时代创新能力以及智能社会责任。

第二，生成式人工智能可以为教育提供更多的资源和可能性。生成式人工智能可以根据学生的兴趣、水平和目标，自动生成个性化的学习计划、课程内容和评估方式。生成式人工智能也可以根据不同的语言和文化，自动翻译和适配教材和教学方法。生成式人工智能还可以利用图像、音频、视频等多媒体形式，创造出更生动和有趣的教学素材和场景。

第三，生成式人工智能也给教育带来了一些挑战和风险。生成式人工智能可能会影响教师的角色和地位，使他们从传统的知识传授者向辅导者和引导者转变。生成式人工智能也可能会对学生的学习动机和创造力产生影响，使他们过度依赖机器生成的内容和结果，而忽视自己的思考和表达。生成式人工智能还可能会引发一些道德和法律问题，比如，如何保护生成内容的版权，如何防止生成内容的滥用和误导，如何确保生成内容的质量和可靠性，等等。

综上所述，生成式人工智能是一把双刃剑，既有利于教育的发展和创新，也有可能对教育产生负面的影响。因此，在使用生成式人工智能时，需要设置相关课程，指导学生在利用人工智能技术时有明确的目标、合理的规范和充分的监督，以确保其为教育服务，而不是为教育添乱。

第二章

CHAPTER 2
基于课程的人工智能教育

2022 年 4 月，教育部颁布《义务教育信息科技课程标准（2022 年版）》[以下简称《义教课标（2022 年版）》]，标志着义务教育阶段信息科技课程被正式纳入国家课程。《义教课标（2022 年版）》明确了信息科技课程要培养的核心素养，即信息意识、计算思维、数字化学习与创新与信息社会责任。依据核心素养和学段目标，按照学生的认知特征和信息科技课程的知识体系，形成了包括人工智能在内的六条逻辑主线，在第四学段（7—9 年级）设立"人工智能与智慧社会"模块内容。

2022 年至 2023 年，在以《义教课标（2022 年版）》与《普通高中信息技术课程标准（2017 年版 2020 年修订）》（以下简称《高中课标》）为核心政策的指导下，教育部、地方教育行政部门、相关企业继续推进基础教育阶段人工智能教育发展，深入探索课程、教学用书、教师培训、学生活动的设计。总体来看，2022 年至 2023 年基础教育阶段人工智能教育研究热度继续呈现上升趋势。

2.1 人工智能课程标准、课程与教学用书

在中国知网（CNKI）（截至 2023 年 12 月 15 日），以"人工智能课程"为主题可以检索到文献共计 2033 篇，涉及基础教育（中等教育与初等教育）的共计 848 篇，2022 年发表的文献共计 230 篇，较 2021 年增长 26.4%；2023 年发表的文献共计 170 篇。自 2017 年国务院发布《新一代人工智能发展规划》以来，涉及基础教育"人工智能课程"主题的文献数量趋势，如图 2-1 所示。

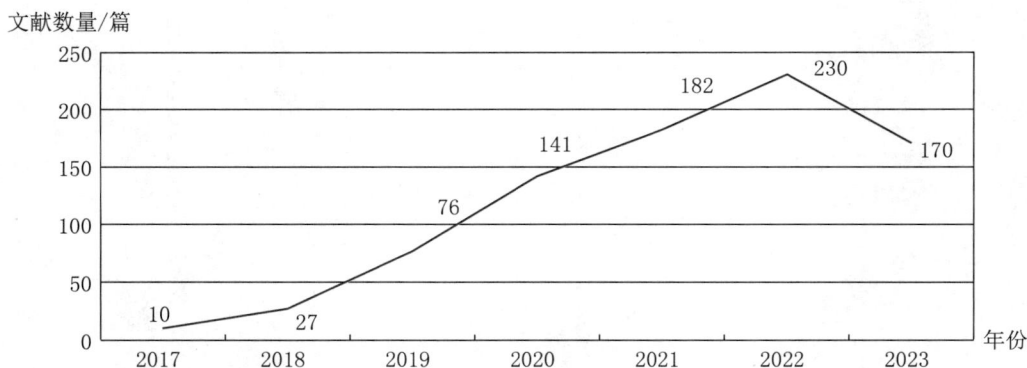

图 2-1 2017 年至今涉及基础教育"人工智能课程"主题的文献数量趋势

另一方面，受《义教课标（2022 年版）》影响，义务教育阶段的人工智能教育的研究热度呈现出较大幅度的上升趋势，以"义务教育"与"人工智能课程"为主题可以检索到文献共

计 108 篇，其中 2022 年发表的文献共计 37 篇，较 2021 年增长 164.3%；2023 年发表的文献共计 34 篇，较 2021 年增长 142.9%。

2.1.1　人工智能课程标准

2022 年至 2023 年，除国家《高中课标》与《义教课标（2022 年版）》外，地方教育行政部门、相关企业也在积极探索和编制相关团体课程指南，并取得了阶段性的成果。除中国教育学会中小学信息技术教育专业委员会在 2021 年 10 月发布的《中小学人工智能课程开发标准（试行）》（以下简称《中国教育学会开发标准》）与中央电化教育馆在 11 月发布的《中小学人工智能技术与工程素养框架》（以下简称《央馆素养框架》）外，联合国教科文组织于 2022 年 2 月发布了《K-12 阶段人工智能课程：政府认可的人工智能课程蓝图》（*K-12 AI Curricula: a Mapping of Government-endorsed AI Curricula*，以下简称《UNESCO 课程蓝图》），华东师范大学联合上海人工智能实验室于 2023 年 3 月发布了《中小学人工智能课程指南》（以下简称《华师大课程指南》）。这些团体课程指南的发布与实施，为基础教育阶段尤其是义教阶段学校、教师实施人工智能教育提供了多维度的支撑，呈现出更加开放的发展趋势。

2.1.1.1　国家课程标准

课程标准是规定某一学科的课程性质、课程目标、内容目标、实施建议的教学指导性文件。课程标准与教学大纲相比，在课程基本理念、课程目标、课程实施建议等几部分阐述得详细、明确，特别是提出了面向全体学生的学习基本要求。

2022 年至 2023 年，《义教课标（2022 年版）》的颁布与实施，使义教阶段信息科技课程与高中阶段信息技术课程共同成为国家课程，且均包含人工智能教育相关要求，弥补了义教阶段国家关于人工智能教育课程标准缺失的情况，形成了良好的人工智能教育普及环境。调研数据显示，在《义教课标（2022 年版）》颁布与实施的一年半时间里，人工智能教育内容获得了基础教育各学段教师的关注（见图 2-2），其中《义教课标（2022 年版）》总受众率为 82.30%，初中与小学比例相近，分别为 87.30% 与 86.50%，高中为 72.90%，表明小初高教师均关注到了课程标准对人工智能内容的要求，这为基础教育阶段人工智能课程的衔接奠定了较为良好的基础。其中，《高中课标》总受众率为 58.70%，高中比例为 74.00%。

从课程设置来看，《高中课标》对高中阶段人工智能课程的整体定位、发展方向、课程实施、所需课时等要求进行了明确的说明，将人工智能教育内容以"必修模块 1：数据与计算"和"选择性必修模块 4：人工智能初步"模块进行呈现。在《义教课标（2022 年版）》中"人工智能"一词出现高达 91 次，主要体现在两个方面：逻辑主线与模块内容（见图 2-3）。

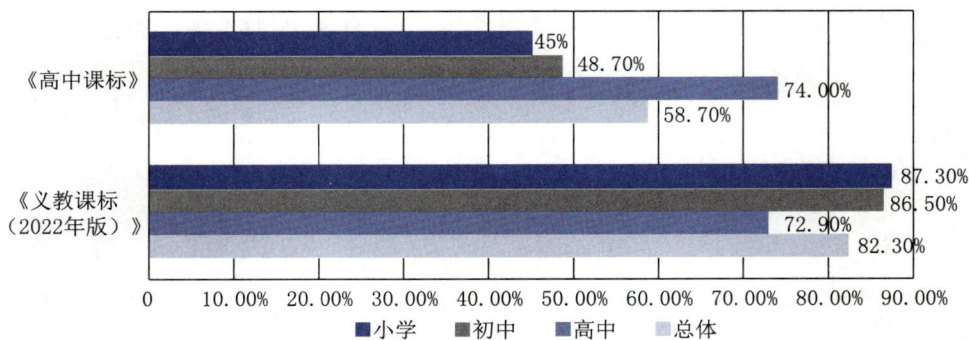

图 2-2 《高中课标》与《义教课标（2022 年版）》在各学段教师中的受众率

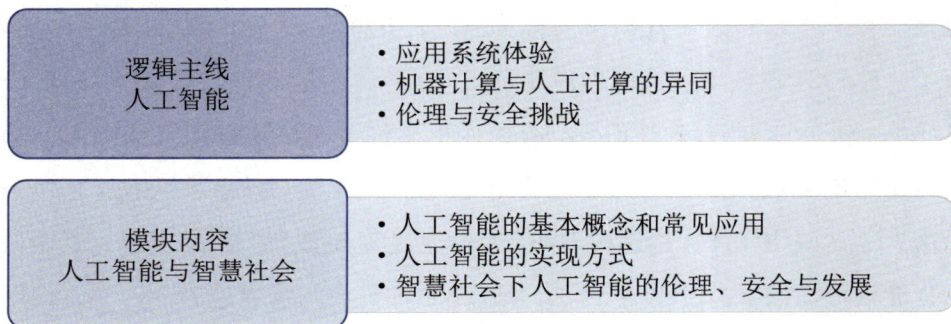

图 2-3 《义教课标（2022 年版）》中人工智能教育内容的体现

《义教课标（2022 年版）》中的人工智能逻辑主线为纵向设计，贯穿 1 至 9 年级各模块内容，其明确了人工智能为本学科在义务教育阶段的核心内容，反映出信息科技课程独特的教育特征，通过"应用系统体验—机器计算与人工计算的异同—伦理与安全挑战"的内容设计引导学生学习人工智能，学会与人工智能打交道，更好地应用人工智能。

《义教课标（2022 年版）》在第四学段（7—9 年级）设立"人工智能与智慧社会"模块，内容为横向设计，布置为 9 年级的教学内容，通过"人工智能的基本概念和常见应用""人工智能的实现方式""智慧社会下人工智能的伦理、安全与发展"三部分内容，帮助学生了解人工智能的特点、优势和可能给社会带来的潜在影响，认识人工智能与社会的关系以及发展人工智能应遵循的伦理道德规范。另一方面，《义教课标（2022 年版）》中明确提出，义教阶段的信息科技课程在 3 至 8 年级单独开设课程，其他年级相关内容融入语文、道德与法治、数学、科学、综合实践等课程。

从课程核心素养内涵来看，无论是高中阶段的信息技术课程，还是义教阶段的信息科技课程，均指向学生数字素养与技能的培养，包含信息意识、计算思维、数字化学习与创新和信息社会责任。这四个方面互相支持、互相渗透，共同促进学生数字素养与技能的提升。

通过对比《高中课标》与《义教课标（2022 年版）》中各模块的学业要求（见表 2-1）发

现，相较于《高中课标》"必修 模块 1：数据与计算"中的学业要求，《义教课标（2022 年版）》中对于人工智能内容的学业要求有了更为明确的定义，同时也发挥了良好的衔接作用。例如，让学生在小学或初中阶段就能识别身边的人工智能应用，认识人工智能与现实社会的联系，从而使学生能够更从容地面对信息社会的快速发展。在高中阶段学习搭建智能系统之前，学生先在初中阶段认识物联网、大数据与人工智能的关系，为他们将来使用人工智能解决生活中的实际问题奠定了良好的基础。

表 2-1 《高中课标》与《义教课标（2022 年版）》各模块涉及人工智能内容的学业要求

《普通高中信息技术课程标准 （2017 年版 2020 年修订）》	《义务教育信息科技课程标准（2022 年版）》
必修 模块 1：数据与计算	内容模块：物联网实践与探索
了解人工智能技术，认识人工智能在信息社会中的重要作用（信息意识、计算思维）	初步体会物联网与大数据、人工智能之间的关系（信息意识、计算思维）
选择性必修 模块 4：人工智能初步	内容模块：人工智能与智慧社会
能描述人工智能的基本特征，会利用开源人工智能应用框架搭建简单智能系统（计算思维） 了解人工智能的新进展、新应用（如机器学习、自动翻译、人脸识别、自动驾驶等），并能适当运用在学习和生活中（数字化学习与创新） 了解人工智能的发展历程，能客观认识智能技术对社会生活的影响（信息意识、信息社会责任）	能识别身边的人工智能应用，理解人工智能与现实社会的联系（信息意识） 能列举人工智能的主要术语，了解人工智能的三大技术基础，知道目前常见的人工智能实现方式（计算思维、数字化学习与创新） 知道人工智能可能的科技发展方向和安全挑战，了解智慧社会及自主可控技术的地位（信息意识、信息社会责任）

从课程育人价值追求来看，无论是《高中课标》还是《义教课标（2022 年版）》，都明确了需要学生认识到智慧社会这一新型社会形态下的新机遇与新挑战。相较于《高中课标》，《义教课标（2022 年版）》有了更深层次且面向智慧社会的育人价值追求。例如，"伦理"一词在《高中课标》"选择性必修 模块 4：人工智能初步"中只出现过 1 次，而在《义教课标（2022 年版）》内容模块"人工智能与智慧社会"中出现过 4 次。对于"人工智能伦理"内容的设计，是面向了当下智慧社会发展的主要问题，对于学生正确价值观的形成有着积极的影响。再如，"自主可控"一词在《高中课标》中并未体现，但在《义教课标（2022 年版）》中共出现26 次，在内容模块"人工智能与智慧社会"中出现过 2 次，强调原始创新对国家可持续发展的重要性，让学生"认识到自主可控技术对国家安全的重要性"，对于促进学生在数字世界与现实世界中健康成长有着重要的意义。

综上所述，包含人工智能教育内容的《义教课标（2022 年版）》的颁布与实施，丰富了我国基础教育阶段人工智能课程内容，为人工智能课程设计提供了结构性的支架，促进了基础教育阶段人工智能教育体系的初步形成，对于人工智能教育的发展起到了良好的促进作用，对于学生数字素养与技能的提升产生了积极的影响。

2.1.1.2 团体课程指南

团体课程指南是指由学术团体按照团体确立的标准制定程序自主制定发布，由社会自愿采用的课程指南。

2021 年至 2023 年，《中国教育学会开发标准》《央馆素养框架》与《UNESCO 课程蓝图》的发布与实施，为人工智能教育的发展提供了有效的支持工具和课程设计框架。调研数据显示，不同类别课程标准中对于人工智能教育的内容在基础教育阶段教师层面的受众比例不尽相同（见图 2-2、2-4），最高为 82.30% 的《义教课标（2022 年版）》；其次为 58.70% 的《高中课标》；《中国教育学会开发标准》的总受众率为 44.60%，其中小学比例最高，为 44.90%；《央馆素养框架》总受众率为 42.70%，其中高中比例最高，为 48.70%；《UNESCO 课程蓝图》总受众率为 23.80%，其中高中比例最高，为 30.00%。总体来看，《中国教育学会开发标准》与《央馆素养框架》的颁布日期略早于《义教课标（2022 年版）》，在基础教育阶段拥有一定的受众率。

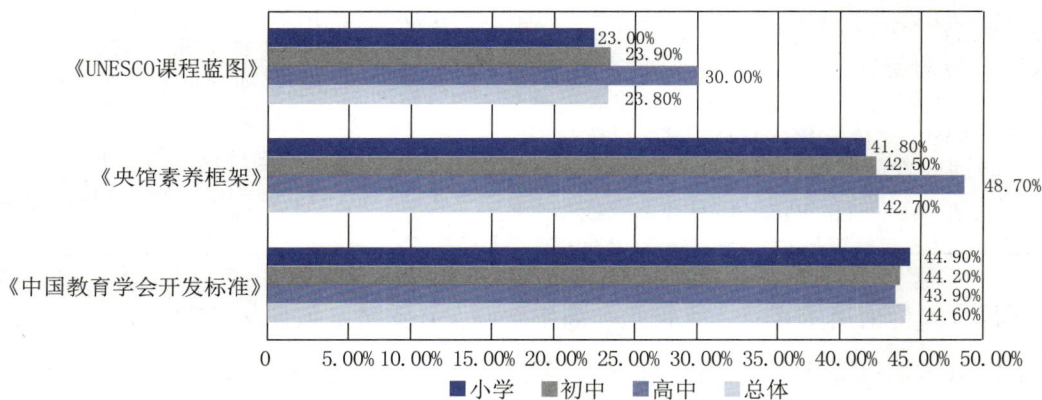

图 2-4 不同类别课程标准中人工智能教育内容的受众率

除此之外，《华师大课程指南》从课程性质与基本理念、核心素养与课程目标、课程结构、课程内容与要求、学业质量评价标准、实施建议等六个方面，构建了一套科学开放的中小学人工智能课程指南。

2023 年 7 月，深圳市参考中国教育发展战略学会、中国教育学会中小学信息技术教育专业委员会、华东师范大学中小学人工智能课程指南课题组等单位的研究成果，发布了《深圳市义务教育人工智能课程纲要》（以下简称《深圳市课程纲要》），旨在指导深圳市人工智能课程教学活动的开展，切实落实义务教育阶段人工智能教育普及工作。

《华师大课程指南》指出中小学人工智能核心素养由智能意识、智能思维、智能应用与创造、智能社会责任四个核心要素构成,《深圳市课程纲要》指出中小学人工智能核心素养由人工智能意识、人工智能思维、创新精神、人工智能社会责任四个核心要素构成（见表 2-2）。

表 2-2 《华师大课程指南》与《深圳市课程纲要》核心素养要素对比

《华师大课程指南》		《深圳市课程纲要》	
核心要素	相关内容	核心要素	相关内容
智能意识	个体对人工智能的敏感度、理解力和价值判断	人工智能意识	树立正确的人工智能价值观
智能思维	个体运用人工智能领域的技术方法，在形成问题解决方案的过程中产生的一系列思维活动	人工智能思维	初步具备用人工智能解决问题的能力
智能应用与创造	个体根据实际需求，批判性地评估并选用合适的人工智能资源与应用工具	创新精神	提高人工智能应用与探究能力
智能社会责任	在智能社会中的个体在隐私保护、伦理规范和行为自律方面应尽的责任	人工智能社会责任	遵守人工智能社会伦理

通过对比各类课程标准的核心素养内涵发现，《中国教育学会开发标准》《华师大课程指南》《深圳市课程纲要》与《高中课标》《义教课标（2022 年版）》的核心素养内涵更为相似（见图 2-5）。另外，值得关注的是，《UNESCO 课程蓝图》也详细阐述了人工智能教育对于计算思维培养的重要性。

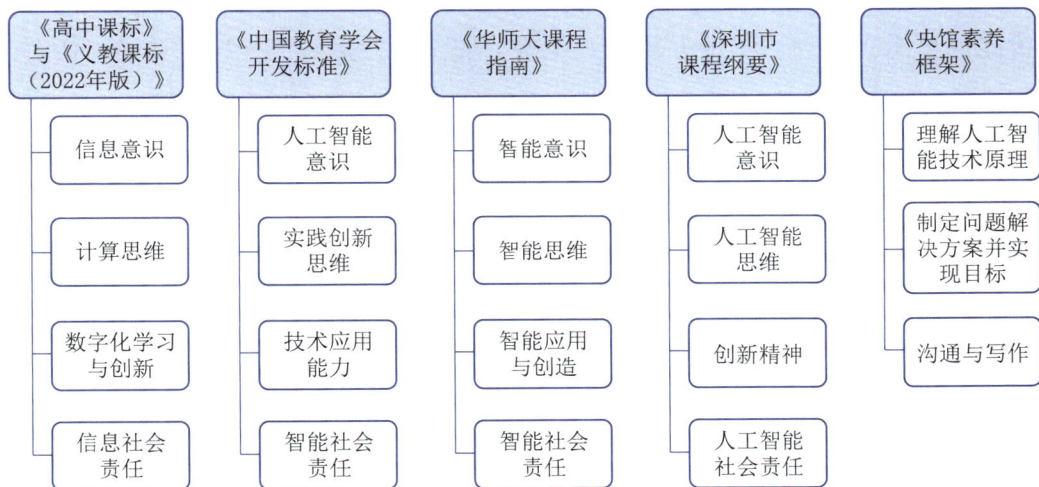

图 2-5 各类课程标准的核心素养内涵对比

借助人工智能教育培养学生数字素养与技能，需要依托具体的课程内容。与《义教课标（2022 年版）》内容模块"人工智能与智慧社会"中的三个具体内容相比，《中国教育学会开发标准》设置 3 个主题，具体细化为 8 个模块；《央馆素养框架》设置 4 个领域，具体细化为

12 个一级指标；《UNESCO 课程蓝图》设置 3 个类别共 9 个领域；《华师大课程指南》设置 5 个主题，并且关注到了小学、初中、高中各学段的衔接问题；《深圳市课程纲要》设置 6 个模块（见表 2-3）。

表 2-3　各类课程标准的课程内容框架对比

《义教课标（2022 年版）》		《中国教育学会开发标准》	《央馆素养框架》	《UNESCO 课程蓝图》	《华师大课程指南》	《深圳市课程纲要》
模块	内容	主题	领域	类别	主题	模块
人工智能与智慧社会	人工智能的基本概念和常见应用	人工智能与人类智能	人工智能技术	AI 基础	人工智能概念与历史	人工智能概述
					人工智能应用与技术	机器感知
	人工智能的实现方式	人工智能原理与技术	人工智能系统设计与开发	理解、使用和开发 AI	人工智能感知与数据	表示与推理
					人工智能方法与实现	机器学习
	智慧社会下人工智能的伦理、安全与发展	人工智能与社会	人工智能与人类	道德和社会影响	人工智能伦理与社会	人机交互
			人工智能与社会			伦理与社会

通过对比各类课程标准的课程内容框架可知，基础教育阶段人工智能教育内容基本涵盖了人工智能的概念、原理、实现方式以及伦理、安全与发展等几个主要方面，对于学生数字素养与技能的培养起着至关重要的作用。无论是颁布日期早于《义教课标（2022 年版）》的《中国教育学会开发标准》与《央馆素养框架》，还是晚于《义教课标（2022 年版）》的《UNESCO 课程蓝图》与《华师大课程指南》，这些团体课程指南的核心素养内涵、课程内容框架均具有一定的可参考性，为我国基础教育阶段人工智能教育体系建设提供了一定的支持。对于基础教育阶段学校、教师设计与实施校本课程具有一定的指导意义，可以作为学校、教师实施人工智能教育时的参考资料。

2.1.2　人工智能课程与教学用书

相较于过去几年，2022 年至 2023 年人工智能课程及教学用书建设继续呈现多元化趋势，高中阶段课程建设在《高中课标》的指导和保障下持续高质量发展；小学阶段与初中阶段的课程与教学用书建设在《义教课标（2022 年版）》及地方教育行政部门相关政策的推进和保障作用下呈现出更加多元化的发展趋势。

2.1.2.1 国家课程

纵观 2022 年至 2023 年人工智能课程建设情况，可以分为 4 类：第一类是必修课程，即人工智能课程基于国家或地方课程框架设计，安排单独的学时、课程资源等，目前主要开设在高中阶段与义教阶段"央馆人工智能课程"规模化应用试点区、教育智慧示范区等地区学校；第二类是跨学科（融合）课程，即将人工智能教学内容融合进信息科技及其他学科教学中，目前主要开设在义教阶段信息科技课程中；第三类是社团课程，即面向参与相关人工智能竞赛的部分学生；第四类是课后服务型课程，即面向参与课后服务的学生在课后服务时间开设的偏普及类课程或全体学生通过外出实践、科普讲座等形式开展的偏科普类课程。

调研数据显示，2023 年，基础教育阶段人工智能国家课程主要以必修课程为主（见图 2-6），高中阶段比例最高，为 66.9%，较 2021 年上升 1.4%；初中阶段与小学阶段分别为 46.0% 与 50.7%，相比 2021 年，初中阶段与小学阶段独立课程比例首次超过了社团课程比例。由此可见，《义教课标（2022 年版）》的颁布与实施对初中阶段与小学阶段人工智能国家课程影响较大。

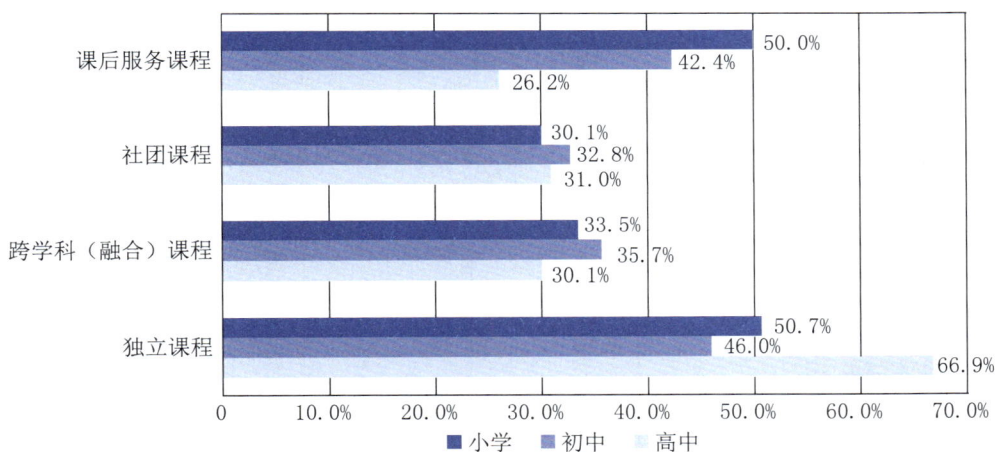

图 2-6　基础教育阶段学校开设人工智能课程情况

在跨学科（融合）课程方面，初中阶段比例最高，为 35.7%，但总体情况并不乐观，调研数据显示，义务教育阶段信息科技教师能够意识到以融合课程形式落实《义教课标（2022 年版）》中关于"人工智能"的逻辑主线与模块内容仅占 46.5%，需要教育行政部门持续落实《义教课标（2022 年版）》的实施情况和相关教材的研制。

在课后服务课程方面，小学阶段比例最高，为 50.0%；高中阶段比例最低，为 26.2%。由此可见，课后服务课程对于人工智能教育普及工作的影响愈发显著，需要地方教育行政部门、学校重点关注。

2.1.2.2 地方课程

地方课程及教材的价值在于充分利用地方教育资源、反映基础教育的地域特点、增强课程的地方适应性以及满足地方对学生发展的区域性要求。2022 年至 2023 年，教育部、地方教育行政部门持续发布相关政策，有效落实和推动了人工智能课程普及工作。

（1）"央馆人工智能课程"规模化应用试点区

2022 年 4 月，教育部教育技术与资源发展中心（中央电化教育馆）发布关于《组织申报第一批"央馆人工智能课程"规模化应用试点区（含试点校）的通知》。同年 9 月，公布了第一批"央馆人工智能课程"规模化应用试点区（含试点校）。依托中小学人工智能教育服务平台，试点校获得了包括小学、初中、高中的教学设计、视频资料、课程表等课程资源，从而实施体系化的人工智能教育。

从试点区分布来看，第一批试点区主要分布在全国 27 个地区（见图 2-7）。其中，湖北省数量最多，为 4 个；天津市、山东省、广东省、四川省与甘肃省数量最少，为 1 个。从试点校数量来看，江苏省与湖北省数量最多，为 43 所；甘肃省数量最少，为 5 所。

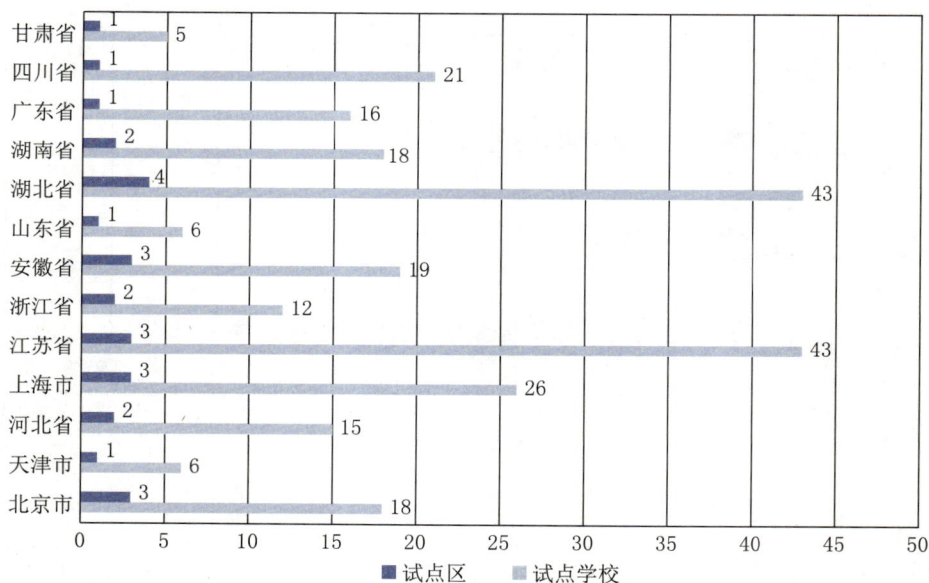

图 2-7　第一批"央馆人工智能课程"规模化应用试点区与试点校数量对比

教育部教育技术与资源发展中心组织的"央馆人工智能课程"规模化应用试点区（含试点校）活动，在短时间内促进了各地区使用统一课程资源的环境形成，对于人工智能课程普及产生了积极的影响。

（2）智慧教育示范区

2019 年 1 月，教育部发布关于"智慧教育示范区"建设项目推荐遴选工作的通知，截至

2023 年底，共有 18 个地区被遴选为"智慧教育示范区"（见表 2-4）。2022 年至 2023 年，部分"智慧教育示范区"试点先行，典型引路，积极构建优质化的人工智能教育课程体系，在人工智能课程普及方面效果显著，起到了良好的辐射引领作用。

表 2-4　教育部 2019 年度与 2020 年度"智慧教育示范区"创建区域名单

年　　度	创建区域名单
2019 年度	北京市东城区、山西省运城市、上海市闵行区、湖北省武汉市、湖南省长沙市、广东省广州市、四川省成都市武侯区、河北雄安新区
2020 年度	北京市海淀区、天津市河西区、江苏省苏州市、浙江省温州市、安徽省蚌埠市、福建省福州市、江西省南昌市、山东省青岛市、广东省深圳市、四川省成都市成华区

1）广东省广州市

2022 年 7 月，广州市教育局发布《关于启动 1—8 年级人工智能教育普及工作的通知》，定于 2022 年 9 月起，启动全市中小学 1—8 年级人工智能教育普及工作。2023 年 7 月，广州市教育局印发《广州市义务教育课程计划（试行）》，明确提出人工智能课程是广州市重要地方课程之一，课时在 3—8 年级的综合实践活动、信息科技、地方课程与校本课程中安排，每两周至少安排 1 课时。

针对人工智能教育普及工作中资源不足、硬件不足等问题，广州市积极研发地方教材资源，提升硬件资源配置，创新普及资源供给，具体措施有：将广东省教育厅审核通过的涵盖 3—8 年级、共 12 册的《人工智能》教材纳入 2022 年义务教育免费教材目录；1—2 年级采用视频授课的模式，开设人工智能教育启蒙课程；3—8 年级基于《人工智能》教材及市统一提供的配套教学资源，开设人工智能课程，重点开展人工智能通识教育；建设"广州中小学人工智能教学平台"虚拟资源；对于硬件设备不达标的学校，由区级教育部门会同学校提出解决方案进行升级。

2）广东省深圳市

2023 年 5 月，中共深圳市委办公厅与深圳市人民政府办公厅印发《深圳市加快推动人工智能高质量发展高水平应用行动方案（2023—2024 年）》，其中明确提出要组建深圳市 AI 教育联盟和 AI 讲师团，支持学校与企业、科研机构等联动开设"第二课堂"，推动人工智能进校园，加强人工智能通识教育。

基于《深圳市课程纲要》等政策，深圳市努力构建特色化课程体系，形成基础课程、拓展课程与高阶课程的人工智能课程体系（见表 2-5）。同时，深圳市教育信息技术中心也面向全市提供 3—8 年级适配《深圳市课程纲要》的学习资源，并征集人工智能教育学习资源试用服务，以促进深圳市人工智能教育普及工作的落实。

表 2-5　深圳市人工智能课程类型分析

课程类型	相　关　内　容
基础课程	按照《深圳市课程纲要》，将人工智能课程纳入全市义务教育阶段地方课程统筹实施
拓展课程	各学校自主建设人工智能实践应用的拓展类课程，组织开展社团课、跨学科主题学习等个性化学习活动
高阶课程	通过开展夏令营、课题研究等方式，市、区、校联动开展人工智能领域拔尖创新人才的专题学习与实践，形成学生在真实"AI+"企业场景中开展真实问题探究的科研育人模式，推进深港澳"AI+"拔尖创新人才培养的深度交流与合作

3）浙江省温州市

2022 年 2 月，温州市教育局印发《温州市中小学推进人工智能教育实施方案》，主要目标为启动实施温州市中小学校人工智能教育生态体系，构建形成区域特色鲜明的"基础普及类、社团拓展类、综合提升类"校园人工智能教育三阶课程体系。

为了推进人工智能教育课程的实施，温州市主要采取三项措施"构建人工智能课程体系""推进人工智能课程普及"与"开发项目化学习资源"以确保课程开设制度化、教学实施规范化、活动开展常态化。以"推进人工智能课程普及"为例，温州市根据不同学段特征，确定不同层次课程目标，建立科学的知识结构体系，将人工智能教育课程纳入各县（市、区）教育发展规划与学校教学计划，列入中小学课程内容中，在信息技术、通用技术、综合实践等已有课程和教学创新活动中适当增加人工智能教学内容。

温州市计划到 2025 年，培育 1000 所人工智能实验学校、100 所人工智能教育示范校，实现全市中小学人工智能课程全普及、人工智能实验室全覆盖。

（3）其他地区

2022 年至 2023 年，除"央馆人工智能课程"规模化应用试点区（含试点校）与"智慧教育示范区"之外，部分地区也在积极落实人工智能课程普及工作。

1）河南省

2023 年 6 月，河南省教育厅印发《关于进一步加强和改进中小学人工智能教育的通知》。按照工作计划，通过实施"人工智能教育新基建""人工智能教育课程体系建设""人工智能教育融合创新""师生人工智能素养提升"与"人工智能教育品牌创建"五项行动，在已创建的首批 14 个中小学人工智能教育实验区、200 所中小学人工智能教育实验校基础上，计划到 2024 年，再创建 50 个人工智能教育实验区和 500 所人工智能实验校；到 2026 年，将培育 20 个人工智能教育示范区和 200 所人工智能教育示范校；到 2030 年，将培育 100 个人工智能教育示范区和 1000 所人工智能教育示范校。

2）湖北省鄂州市

2023 年 1 月，湖北省鄂州市人民政府办公室印发《鄂州市推进中小学人工智能教育实施方案》，将推动鄂州中小学人工智能教育实现面的加速普及、质的稳步提升作为主要目标。主要措施包括组织制定《鄂州市中小学人工智能教育课程纲要》；将人工智能教育课程纳入各区教育发展规划与学校教学计划；加强人工智能与信息科技、STEAM、综合实践等课程的整合，逐步实现 1—2 年级开设人工智能启蒙入门课程，侧重感知、体验人工智能技术；其他年级开设人工智能成长进阶课程，侧重理解、应用人工智能技术。

纵观近些年我国基础教育阶段人工智能教育发展历程，因客观存在的由地区经济发展不平衡导致的教育资源不平衡问题，课程资源、师资素养、技术装备成为在推进人工智能课程普及工作时的三个主要问题。通过分析 2022 年至 2023 年地方课程发现，在教育部、地方教育行政部门、《义教课标（2022 年版）》与《高中课标》的指导下，各地区在推进人工智能课程普及工作时，都在制定和完善专项实施方案，从过去只关注课程资源建设转变为关注课程资源、师资素养、技术装备的同步推进建设，人工智能课程普及工作得到了进一步有效落实。此外，调研数据显示，2022 年至 2023 年，没有稳定的教师培训活动成为制约教师实施人工智能教育的主要问题，师资素养问题需要地方教育行政部门重点关注。

2.1.2.3　校本课程

2022 年至 2023 年，基础教育各阶段以学校为中心，相继涌现出大量优质的人工智能校本课程，其中不乏优质的社团课程。这些课程大多数采用项目式教学或大单元整体设计，课程结构更加富有逻辑性，课程目标更加聚焦学生人工智能视域下的《义教课标（2022 年版）》与《高中课标》中的计算思维培养。因此，课程主题也从过去几年关注人工智能技术原理实现转向为关注如何使用人工智能解决生活实际问题，并在问题解决过程中培养学生的创新思维能力。

（1）上海市卢湾高级中学

上海市卢湾高级中学将人工智能技术与学校课程深度融合，形成涉及 AI 基础、AI+ 学科、AI+ 城市、AI+ 审美、AI+ 情感、AI+ 创意六大领域的"人工智能 +"课程群（见图 2-8）。

课程群以培养学生"H·AI"（H 为 Holistic 首字母，代表全人发展，AI 即人工智能）素养为指向，具体包括：①掌握人工智能的基础知识、核心概念和发展趋势；②具备主动应用人工智能技术于学习的意识和能力；③具备创造性应用人工智能技术改造周边世界的能力；④具备更强的审美意识和能力；⑤具备更强的同理心与情感能力；⑥具备更强的创造性能力。课程群由内容上相互关联、相互渗透，具有互补性的系列课程组合而成，彼此相连，又互为补充，统一协调。根据学生不同层次发展需求，学校设计和完善人工智能特色课程群各个领域的课程，

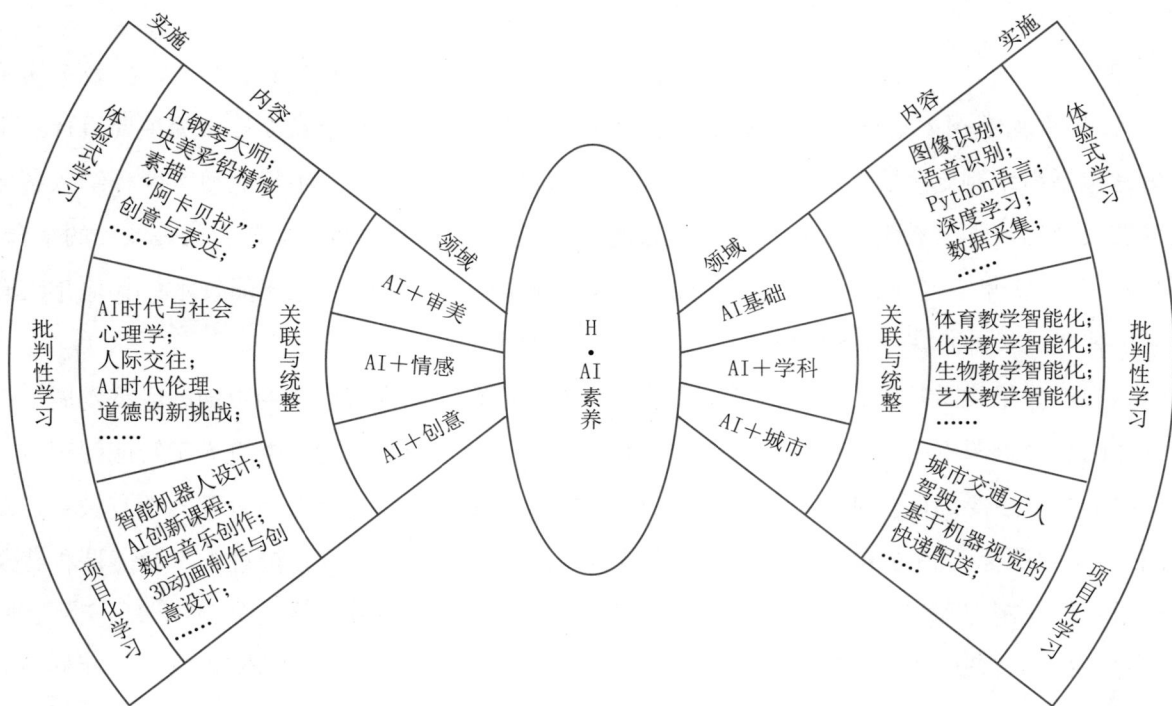

图 2-8 "H·AI"人工智能特色课程群框架

并增进关联与统整，让学生掌握人工智能基础知识，深化人工智能场景应用，实现人机共生价值追求。

（2）北京市第十二中学

北京市第十二中学以"新一代人工智能发展规划"为主题，开发"人工智能"校本课程（见表 2-6）。该课程以活动贯穿，通过问题引导，旨在使学生掌握机器学习、智能语音、计算机视觉、自然语言处理等基础知识。课程内容生动活泼，贴近生活，通过具体案例阐述概念，使学生在学习人工智能理论知识的同时，能够运用这些知识解决生活和学习中的实际问题，可以认识到人工智能在信息社会中发挥的越来越重要的促进作用。此课程旨在激发学生的创新创造力，引导他们培养科学精神，学习科学知识，锻炼科学技能，提升自身的数字素养与技能。

另一方面，北京市第十二中学科丰校区机器人社团以社团课程实施人工智能教育。学校采用项目式的方式，设计四足仿生机器人课程。四足机器人是集多专业知识与技术于一体的高集成度、高复杂性的软硬件融合体，具有很强的学科交叉性。该课程有机整合物联网技术和人工智能的实践与探索，同时培养学生技术与工程实践能力，涵盖了 7—9 年级信息科技和科学两个学科新课标要求的多项课程内容和核心概念（见图 2-9）。

表 2-6　北京市第十二中学"人工智能"校本课程内容

序号	标　题	内　　容	
主题一	人工智能：打开未来的钥匙	主题：认识身边的人工智能	
		人工智能的应用领域	
		各种各样的人工智能技术	
		人工智能的发展历程	
主题二	让机器能听会说	主题：认识智能语音	
		智能助理听声辨人	声纹识别
		会议记录自动生成	语音识别
		地图导航个性发声	语音合成
主题三	让机器能看会认	主题：认识计算机视觉	
		旅行照片分门别类	图像分类
		小区车牌识别	文字识别
		出行安检	人脸识别
主题四	让机器能理解会思考	主题：认识自然语言处理	
		网上购物评价分类	文本分类
		智能助手答疑解惑	问答系统
		户外旅行即时翻译	机器翻译

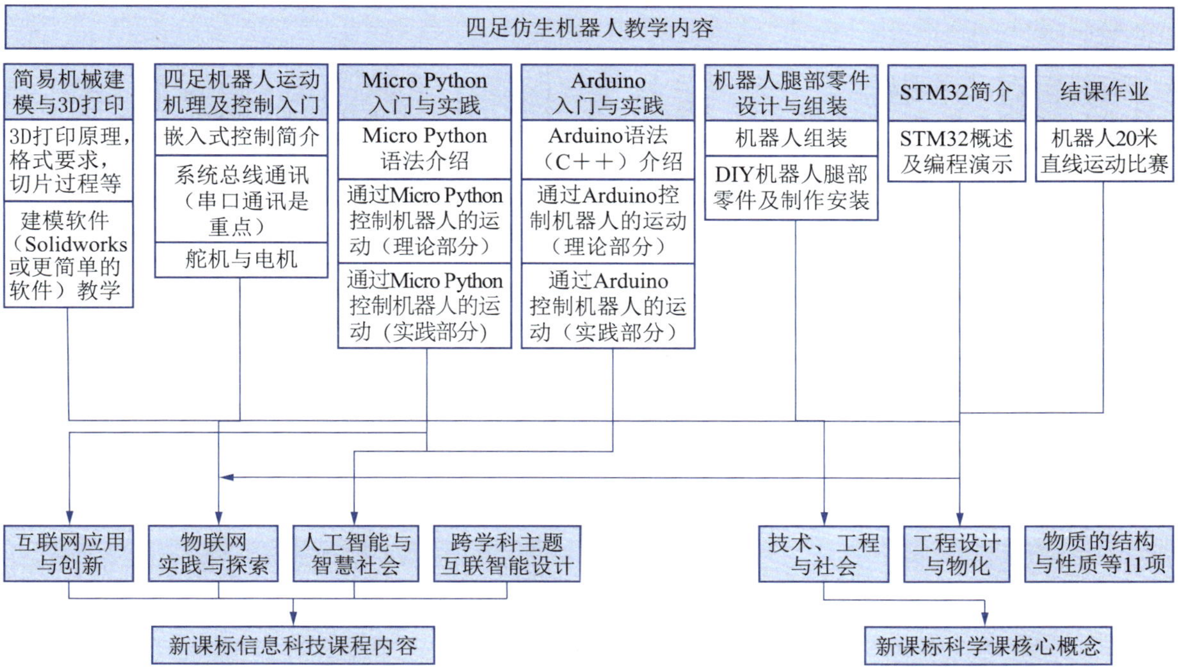

图 2-9　四足仿生机器人课程教学内容

（3）北京市顺义区西辛教育集团

北京市顺义区教育研究和教师研修中心依据北京大学人工智能教育实验室开发平台提出的以计算思维培养为核心的小学人工智能教育的课程目标模型，按照"感知AI→理解AI→应用AI→创造AI"的体系进行了区域内小学人工智能教育的课程设计，并选取了城区和农村的8所实验学校组建了研究共同体，按照"专家引领、实践应用、创造应用、形成特色"的模式开展实践应用研究。

北京市顺义区西辛教育集团通过校本课程建设、信息科技课程融合等方式，开展了不同形式的教学实践研究。该校以校本特色课程体系建设为主体开设人工智能教育系列课程。该校在小学二年级开设"走近人工智能"课程，在三年级开设"AI积木编程智能硬件"课程，在四年级开设"AI积木编程启蒙课"，在五年级开设"AI积木编程互动游戏"课程并融入新课程理念。这些课程采用单元主题教学模式，由学生根据自己的兴趣进行自主选择，将现有的信息科技课程教学内容与人工智能教育课程相结合，将信息科技课程的六条逻辑主线贯穿其中。以"我的智能小家"单元主题课程为例，该单元共包括4个课时，课程设计围绕创新思维能力和信息科技学科核心素养的培养来进行，通过畅想智能家居到智能小家的编程实现，着力培养学生的创新思维能力、计算思维以及信息意识（见图2-10）。

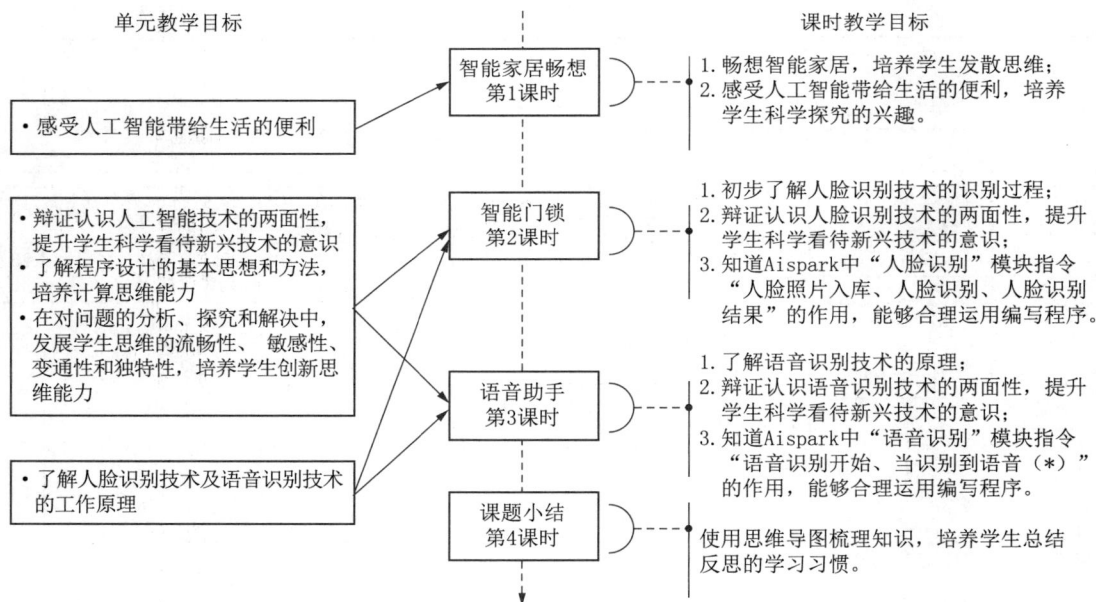

图 2-10 "我的智能小家"主题教学目标

2.1.2.4　非教育行政部门课程及教学用书

（1）课程

2023年，非教育行政部门课程的应用场景趋向多元化，从面向中小学校课后服务，拓展至实践活动研学基地、公益教育项目等场景，为推动基础教育阶段人工智能教育发展起到了积极作用。

2023 年 7 月，好未来发布基于自研大语言模型的生成式人工智能（AIGC）课程——《人工智能第一课》。该课程包含 7 个人工智能创作工具，引导学生通过创作有声绘本、创意海报、登陆火星策划案等，了解自然语言处理、计算机视觉、推荐算法这 3 个 AI 底层知识。学生可以使用 AI 识物训练卡，训练 AI 引擎识别陌生事物，培养利用人工智能解决问题的能力。猿编程聚焦人工智能启蒙教育，发布人工智能教学创新的典型案例——《人工智能启蒙系列——AR 编程课》。学生通过卡片模拟编程过程后，使用电子设备扫描，即可控制增强现实中的虚拟形象进行验证，从而降低人工智能教育普及的门槛。除此之外，作业帮旗下云思智学、新东方智慧教育等企业，也相继推出了人工智能课程资源。

（2）教学用书

在《义教课标（2022 年版）》颁布后，许多省市正在组织编写相关教学用书。2023 年与2022 年相比，由非教育行政部门出版的面向基础教育阶段学生的人工智能教学用书数量有所减少，但内容与类型更加丰富和完善。

首先，出版的人工智能书籍的内容由过去几年面向不同年级学生的教学用书逐步转向为面向不同学段学生的科普读物。这类科普读物多以图文并茂的形式呈现人工智能的发展历史、原理技术、生活应用等，降低学生了解人工智能的难度，帮助学生建立学习人工智能的兴趣。同时，科普读物的出版，也丰富了基础教育阶段人工智能教学用书的类型和内容。其次，涉及编程实现方面的人工智能教学用书内容由过去的图形化编程拓展至 Python 编程，更加符合初中、高中学生的能力认知。部分教学用书中还涉及了硬件搭建的内容，指向提升学生设计能力与解决生活实际问题能力的培养。

随着《义教课标（2022 年版）》的实施，也出现了面向基础教育阶段一线教师的人工智能教学参考用书（见表 2-7），这类书籍在介绍、分析人工智能技术原理的基础上，为教师提供了相关课堂实施案例与策略，以期帮助一线教师更好地进行人工智能课程的设计与实施。

表 2-7　2023 年与 2022 年出版的部分含有人工智能内容的教学用书

序号	书　名	适用学段	作　者	出版社	出版日期
1	STEM 与人工智能/"中国 STEM 教育 2029 行动计划"丛书	小学、初中、高中	汤淑明/主编	教育科学出版社	2023 年 7 月
2	掌控 AI 入门之旅：中小学生初识人工智能	小学、初中、高中	张俊、宋蘅/主编	人民邮电出版社	2023 年 7 月

续　表

序号	书　名	适用学段	作　者	出版社	出版日期
3	掌控 AI 进阶之路：中小学生探索人工智能	小学、初中、高中	杜涛、许泽方 / 主编	人民邮电出版社	2023 年 7 月
4	写给青少年的人工智能（Python 版）	初中、高中	陈璟、王萌、梁婷 / 编著	清华大学出版社	2023 年 4 月
5	青少年信息技术科普丛书（共 5 册）：神奇标签 / 不再迷航 / 不再神秘的区块链 / 有问必答的智能搜索 / 迈向元宇宙的人机交互	小学、初中、高中	熊璋、李楠、曲卫、曹健、蒲菊华、秦建军 / 著	机械工业出版社	2022 年 11 月
6	人工智能基础（1—4 册）	高中及以上	汤晓鸥、潘云鹤、姚期智 / 主编	华东师范大学出版社	2022 年 8 月
7	人工智能初中	初中	王万良 / 主编	浙江教育出版社	2022 年 9 月
8	写给青少年的人工智能（共 4 册）：起源 / 发展 / 应用 / 实践	小学、初中、高中	核桃编程 / 著	人民邮电出版社	2021 年 9 月至 2022 年 8 月
9	青少年人工智能实战（共 2 册）：基础篇 / 应用篇	小学、初中、高中	张泽治、刘名卓 / 主编	北京航空航天大学出版社	2022 年 6 月
10	给孩子的人工智能通识课	小学、初中、高中	［日］三津村直贵 / 著	海峡书局	2022 年 4 月
11	你好，AI：布鲁可人工智能启蒙绘本	小学	布鲁可教育 / 著	浙江大学出版社	2022 年 2 月
12	这就是人工智能	小学、初中、高中	［芬］琳达·刘卡斯 / 著	化学工业出版社	2022 年 1 月

2.2　人工智能教育相关活动的组织

　　随着人工智能教育在基础教育阶段的普及与推广，人工智能教师培养活动和学生赛事活动组织成为观察人工智能教育发展阶段的主要窗口。政策的导向性作用与社会群团的自发组织共同营造了热烈的人工智能教育社会氛围。

2.2.1　教师培训及测评

2.2.1.1　人工智能教师培训政策

　　教育部和地方教育行政部门逐步就人工智能教师培养形成实践共识，通过宏观政策、地方政策和项目协同推动教师人工智能素养提升（见表 2-8）。2022 年 4 月，教育部等八部门联合印发《新时代基础教育强师计划》，将人工智能作为教师队伍建设的技术工具，挖掘和发挥教师在人工智能与教育融合中的作用。2022年12月，在教育部办公厅发布的《关于组织实施新时代中小学学科领军教师示范性培训（2023—2024年）的通知》中，人工智能被着重提出要作为创新性前沿领域丰富培训内容。2023年5月，《基础教育课程教学改革深化行动方案》将人工智能作为教师课程实施能力和教学评价能力的关键基础。运用人工智能以促进和改进教学已成为新时代教师的能力要求之一。

表2-8　部分涉及人工智能教师培训的国家政策

出台时间	政策名称	人工智能有关表述	关键要点
2022年4月11日	教育部等八部门关于印发《新时代基础教育强师计划》的通知	深入实施人工智能助推教师队伍建设试点行动，探索人工智能助推教师管理优化、教师教育改革、教育教学方法创新、教育精准帮扶的新路径和新模式，总结试点经验，提炼创新模式，逐步在全国推广使用，进一步挖掘和发挥教师在人工智能与教育融合中的作用	人工智能助推教师队伍建设
2022年12月27日	教育部办公厅发布《关于组织实施新时代中小学学科领军教师示范性培训（2023—2024年）的通知》	将数字化融入培养全过程，强化课程设计，在数字化素养提升、人工智能、大数据等创新性前沿领域丰富培训内容	创新性前沿领域丰富培训内容
2023年5月9日	教育部办公厅关于印发《基础教育课程教学改革深化行动方案》的通知	提升教师教学评价能力。充分利用人工智能和大数据技术，加强过程性与增值性评价，注重发挥教学评价的引导、诊断、改进与激励作用。开展教师需求导向的课程实施能力培训。积极推进人工智能、大数据、第五代移动通信技术（5G）等新技术与教师队伍建设的融合，加快形成新技术助推教师队伍建设的新路径和新模式	教师教学评价能力、课程实施能力培训

全国各省市正通过地方性教育政策逐步强化人工智能在教师发展的支撑性作用，在教师培训方面继续提供政策引导，其中"智慧教育示范区""教育部人工智能助推教师队伍建设行动试点工作"等中央教育政策的持续作用明显，多地政策据此制订地方性人工智能教师培训规划（见表2-9）。

表2-9　部分地方政府对人工智能教师的教育政策

发布单位	具体内容	关键要点
北京市教育委员会	北京市特级教师评选。将"积极开展所教学科课程与教材改革，深化课堂教学改革，探索利用人工智能等新技术创新教育教学"作为特级教师评选基本条件	特级教师评选条件

续 表

发布单位	具 体 内 容	关键要点
上海市宝山区教育局	提升师生信息素养和技术应用能力。开展第二届低代码培训及应用创新大赛，启动首批数据分析与可视化技术应用培训，推进人工智能助推教师队伍建设试点工作	人工智能教师培训
中共深圳市委教育工作领导小组	加强专任教师队伍建设。从信息科技、综合实践、科学等学科中遴选出优秀的教师，形成人工智能教育专任教师队伍。鼓励有条件的区、校通过公开招聘、人才引进、转岗培育等方式充实人工智能教育教师队伍。市、区教研部门把人工智能教育纳入常态化教研范围，积极开展人工智能教学研究活动。制订人工智能教育教师培训专项计划，分层分类开展全员培训	建设专任教师队伍，开展全员培训
河南省教育厅	开展人工智能教育教师的全员培训。建立省、市、县（区）、校多层级培训机制，不断扩大培训规模，不断创新培训模式，不断优化"项目教师—骨干教师—名师"的培养路径，加快提升教师人工智能素养。培训学时计入中小学教师继续教育学分。要明确人工智能教师考核要求和办法，将开展人工智能教育教学的工作业绩计入教师工作量，作为教师考核业绩的重要依据，对取得显著成效的给予表彰奖励	开展全员培训，纳入考核标准
广东省广州市教育局	在全市遴选若干实验区和 100 所左右实验校，开展中小学人工智能课程实验。在试点实验基础上，开展广州市 3—8 年级人工智能校本课程教材研发及送审工作，进一步推动智慧教育示范区课程建设，实施广州市智慧教育示范区 AI+ 创新工程，促进教育变革创新，培育青少年计算思维、信息素养、创新能力和合作精神，储备拔尖创新人才。到 2022 年，实现人工智能教育覆盖全市学校，培养适合未来社会的创新型人才	课程实验教学
浙江省温州市教育局	培育三层次人工智能教师队伍。将人工智能教育师资建设纳入全面深化新时代教师队伍建设改革重要内容，制订人工智能教育师资培养培训计划，增设人工智能（创客）专兼职教育教研员岗位，师训部门开展人工智能师资专项培养。分层次培养人工智能教育师资队伍，设立名师工作室、骨干教师研修班、AI 教学能力提升班，逐步培育一批有引领示范作用的名优教师，多途径、多形式、高水平促进教师专业化成长。针对普及性人工智能师资进行人工智能知识技能体系化培训，并进行培训评价和考核认证	教师培训、考核认定

　　密集的教育政策是否对人工智能教师队伍产生足够积极的影响，关于这个问题面向教师群体的调查问卷指出了人工智能教育政策的必要性。一项关于"影响人工智能教育应用成效的主要因素"的调查显示，57.66% 的教师认可教育政策要求是影响人工智能教育应用成效的主要因素，仅次于认可度最高的影响因素"人工智能教育平台功能的适切性与易用性"。在另一项关于"在政策约束下，人工智能在教育中不太可能发挥太大作用"的教师调查中，62.17% 的教师持明确否定观点，30.27% 的教师持中立态度，仅有 7.11% 的教师认可这一说法。这说明一线教师普遍认可教育政策对人工智能教育的推动作用（见图 2-11、2-12）。

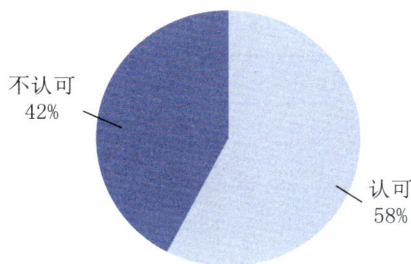

图 2-11　教育政策要求是影响人工智能教育应用成效的主要因素

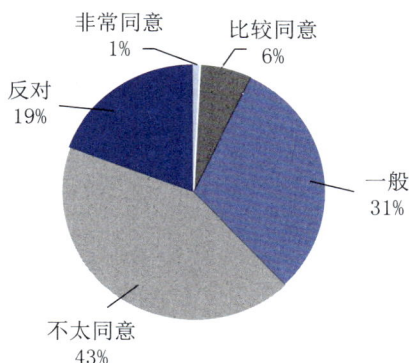

图 2-12　在政策约束下，人工智能在教育中不太可能发挥太大作用

2.2.1.2　人工智能教师培训活动

　　与 2020 年和 2021 年相比，2022 年至 2023 学年，各地人工智能教师培训活动更加普及。纵观 2023 年度各类人工智能教师培训活动，除了专家讲座、课程内容培训、教学案例分享和课程设计工作坊活动外，还增加了大量实践性活动，教师得以在培训活动中亲身体验各类人工智能应用和配套课程。其中，2023 年基本摆脱了疫情的长尾影响，如中国人工智能学会举办的"中小学教师人工智能师资培训班"于 2023 年 4 月继续举行。

　　在培训内容方面，人工智能教师培训正在从理论和设计层面，逐步迈入教学实践与应用层面。2020 年，教师培训以专题讲座为主，少数主办方尝试分享教学案例，但由于缺少优秀示范案例，只能以编程教学或机器人教学案例替代。2021 年，大部分培训中设置了围绕课程设计的工作坊活动，教师培训已经具备了人工智能课程设计的基础。2023 年，讲座与实践相结合的培训形式（见表 2-10）成为人工智能教师培训的主要方式，教师能够在教师培训中直接学习到系统的课程知识，进行实践性学习。多地人工智能教师培训已经开展至少两期，无论是培训内容还是培训形式，多地已经形成人工智能教师培养的实施基础。

　　针对人工智能教师群体开展关于"您认为开展人工智能教学的制约因素是什么"的问卷调查显示："没有稳定的教师培训活动"是教师群体认为当前开展人工智能教学的主要制约因素，25% 的受访教师认可这一观点（见图 2-13）。通过历年数据对比发现（见图 2-14），支持这一

表 2-10　2023 年度各地举办的人工智能教师培养活动

时　间	活　动　名　称	主　办　方	培训内容
2023 年 3 月 15 日—5 月 17 日	人工智能教师培训	上海市浦东教育发展研究院	讲座＋实践 课程设计工作坊
2023 年 4 月 9 日	中小学教师人工智能师资培训班	中国人工智能学会	讲座 课程设计工作坊
2023 年 5 月 25 日—31 日（5 天）	"国培计划（2022）"——江西省中小学人工智能教育高级研修班	江西省教育厅	讲座＋观摩 课程设计工作坊
2023 年 8 月 28 日	惠州市人工智能科创教育领航教师培训	惠州市教育科学研究院	讲座＋实践 课程设计工作坊
2023 年 9 月 16 日—17 日	石家庄市中小学人工智能教育试点学校教师培训	石家庄市教育局	讲座＋实践 课程设计工作坊
2023 年 9 月 18 日—22 日	2023 年全国青少年人工智能骨干教师学习交流活动（第二期）	中国科协青少年科技中心、中国青少年科技教育工作者协会、上海人工智能实验室	讲座＋实践 课程设计工作坊
2023 年 9 月 19 日—20 日	准格尔旗"人工智能＋教育"双师课堂实验区骨干教师研修活动	准格尔教育体育局	讲座＋实践 课程设计工作坊
2023 年 9 月 21 日—23 日	中小学教师人工智能创客教育能力提升培训	秦皇岛市教育局	讲座＋实践 课程设计工作坊
2023 年 9 月 26 日	人工智能竞赛赛前培训	胶州市教育和体育局	讲座 人工智能赛事培训
2023 年 10 月 20 日—21 日	第二期广州市中小学 1—8 年级人工智能教育普及"种子教师"培训活动	广州市电化教育馆	讲座＋实践 课程设计工作坊
2023 年 10 月 22 日—23 日	深圳市中小学人工智能教育专项培训	深圳市教育局	讲座 课程设计工作坊

观点的教师从 21%（2020 年数据）、22%（2021 年数据），跃升到 25%（2023 年数据）。这一数据反映了教师群体认可培训活动依然是教师快速获得新知识的主要途径。相比较而言，教师对教研平台和交流活动的需求呈下降趋势。

值得注意的是，广州市经过两年的人工智能教育普及"种子教师"培训，人工智能教师培训活动已经初具规模。2023 年 10 月 20 日—21 日，广州市电化教育馆举办第二期广州市中小学 1—8 年级人工智能教育普及"种子教师"培训活动（见表 2-11）。该活动的目的是培养适应未来人工智能社会且具备人工智能知识和核心素养的复合型、创新型人才，进一步推进广州市中小学人工智能教育普及工作的高质量开展，提升教师教授人工智能课程的教育教学能力，促进教师积极探索和创新人工智能课程的教学新模式、新方法；同时，打造

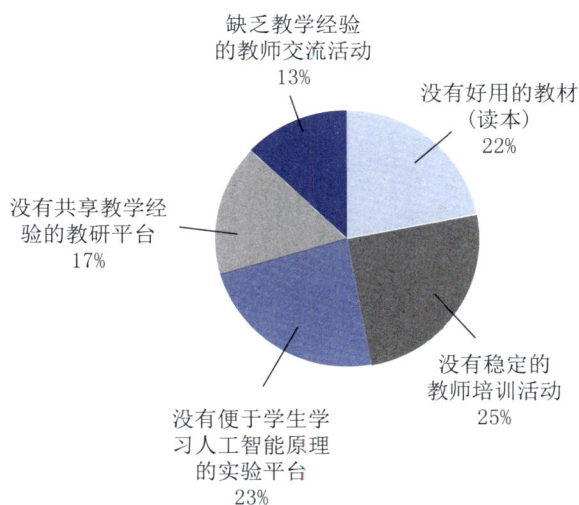

图 2-13　开展人工智能教学的制约因素

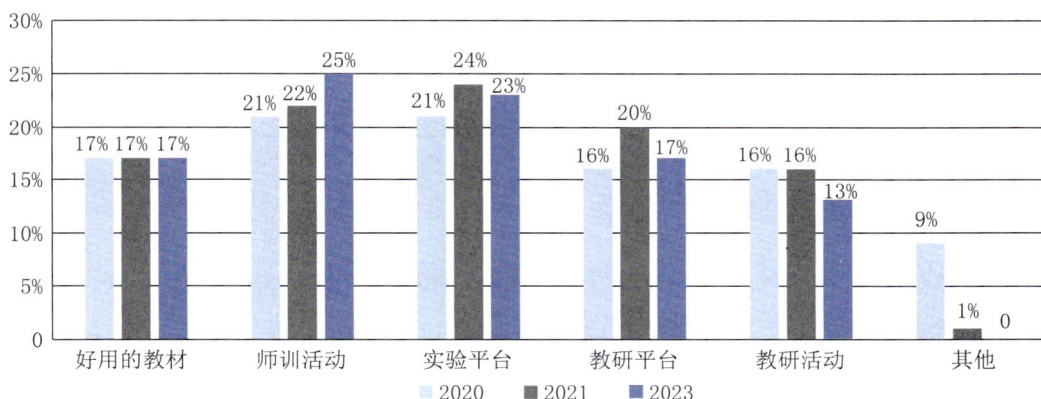

图 2-14　2020、2021 与 2023 年度制约开展人工智能教学因素对比

一批人工智能课程教学名师，优化教师队伍的信息化能力和素养，促进广州教育优质均衡发展。

表 2-11　第二期广州市中小学人工智能教育普及"种子教师"培训活动

培训名称	第二期广州市中小学 1—8 年级人工智能教育普及"种子教师"培训活动
主办单位	广州市电化教育馆
培训时间	2023 年 10 月 20 日—21 日
培训对象	责任心强、学科素养优秀、具有较强学习能力、乐于探索、积极参与人工智能教育教学研究，能使用广州中小学人工智能教学平台开展授课的 1—8 年级各学科任教教师，可包括但不限于已参加第一期"人工智能种子教师"培训的教师 培训约 200 名人工智能教育"种子教师"，其中各区 18 名（非信息技术学科老师不少于 4 名），市直属各学校 2 名（其中 1 名为非信息技术学科老师）

续 表

培训内容	10 月 20 日	【师德修养培训】专家讲座：人工智能时代的教师核心素养
		【专业理念培训】专家讲座：人工智能课程课时设计与实施
		【专业理念培训】专家讲座：人工智能知识图谱
		【说课研讨交流】 分会场 1：小学组代表说课展示以及专家点评 分会场 2：中学组代表说课展示以及专家点评
	10 月 21 日	【专业理念培训】专家讲座：人工智能与跨学科教育主题
		【平台技术培训】技术讲座：讲解 3D 虚拟仿真实验室、硬件实验室
		【平台技术培训】技术讲座：AI 训练平台、创意实验室、Python 实验室的教学应用
		【作业设计培训】讲座：结合本地教材开展作业设计培训以及发起作业设计征集活动
		【培训总结】广州市 1—8 年级人工智能教育普及工作的阶段性报告
		【表彰活动】对第一期优秀课例、示范课以及优秀组织单位颁奖
		填写满意度问卷

2.2.2 人工智能教师能力测评

人工智能教师能力测评是对中小学人工智能教师的专业素养与实践能力评价，目前教育管理部门和教育研究机构从课程标准和能力标准两个方面对教师的人工智能相关能力提出要求。

课程标准是人工智能教师能力要求的最根本参考，主要涉及教学提示和学业质量描述两个方面。《义务课标（2022 年版）》对九年级"人工智能与智慧社会"模块的教学提示如下：学生对人工智能会有想象和期待，课程要回应学生的期待。通过身边的人工智能应用场景，引导学生正确认识人工智能，并带领学生分析具体案例，让学生对所涉及的技术基础有所了解，在实际应用的体验中体会人工智能带来的社会变化和安全挑战。

（1）引导学生寻找和发现身边的人工智能应用，体会这些应用给学习和生活带来的便利，感受人工智能技术对人类社会的深刻影响，并能在教师的帮助下分析这些应用中体现的人工智能的基本特征及技术基础。

（2）通过对常见人工智能应用的分类和分析，引导学生发现其中存在的不同实现方式，认识各种实现方式的计算过程，了解其适用的场景。

《义务课标（2022 年版）》在学业质量描述中，有涉及"通过分析不同的人工智能应用场景，了解数据、算法和算力三大技术基础的作用""感受互联网、物联网和人工智能给人类社会带来的深刻影响"等具体要求。这些要求同样可作为评价教师人工智能课程实施能力的标准。

教育研究机构也为人工智能教师制定相关能力标准。中国教育科学研究院、华东师范大学、腾讯教育三方联合发布的《中小学人工智能教师能力标准（试行）》，从人工智能理解与意识、基本知识、基本技能、问题解决、教学实践、伦理与安全等 6 个维度提出 18 项基本技能要求（见表 2-12），为中小学人工智能教师培养、评价等工作提供参考依据。

表 2-12 《中小学人工智能教师能力标准（试行）》能力维度和基础技能要求

维　度	能 力 指 标
一、理解与意识	1. 理解人工智能模拟人类解决问题的基本逻辑，理解人工智能与人类生活、人工智能与社会发展的关系，认识到人工智能对未来社会的影响 2. 理解人类智能与人工智能的差异，认识到人机协同的重要性，正确理解当前人工智能技术的应用场景与应用局限，理解人工智能对教育教学的作用 3. 认识到法律、政策、伦理、道德等对人工智能技术应用的特殊要求，具有负责任使用人工智能的意识，具备人与人工智能和谐发展、协同创新的意识
二、基本知识	1. 了解人工智能的发展历史与趋势，理解人工智能学科的基本概念、人工智能解决问题的基本逻辑 2. 掌握模式识别、机器学习、人机交互、计算机视觉、自然语言处理、智能机器人等领域的基本原理与技术 3. 掌握人工智能在常见应用场景中分析问题并解决问题的主要过程与方法，如智能教育、无人驾驶、智能安防等内容
三、基本技能	1. 能够根据中小学生人工智能教育的需求选择适当的人工智能应用工具、模型框架或开源系统，设计、搭建或开发中小学生人工智能教育实践平台 2. 了解中小学常见的人工智能教学产品特点及其适用性，熟悉人工智能应用系统的设计、开发、测试等环节，能够有效指导学生动手实践 3. 能够综合应用智能技术解决常见的人工智能求解任务，能够指导中小学生开展人工智能相关的课内外科技实践活动
四、问题解决	1. 能够识别适合应用人工智能解决的现实问题，能够对问题进行定义与抽象，借助信息技术建立数据、关系、逻辑等模型 2. 能够设计或选择问题解决的策略，合理分配问题解决的软硬件资源，形成解决问题的方案，管理问题解决过程，促进学生技术创新能力发展 3. 能够组织学科教师、学生、技术专家建立教研团队，选用合适的人工智能技术，开展人机协同的教育教学问题研究实践
五、教学实践	1. 能够根据人工智能课程标准要求和可用的人工智能教学设备情况，运用教学设计方法与工具开展课堂教学实践 2. 能够按照教学设计方案，实施灵活有效的教学活动，为学生提供及时有效的学习指导和支撑工具，有效发展学生的计算思维，培养学生合作能力和创新精神 3. 能够帮助其他学科教师熟悉各种人工智能教育教学应用方法，指导其他学科教师积极应用人工智能技术与工具优化教学实践
六、伦理与安全	1. 具备正确的人工智能的道德观，能够合理看待并理性分析人工智能应用伦理问题，拒绝使用不符合法律法规、伦理道德和标准规范的人工智能产品 2. 能够充分尊重学生个人信息隐私权、所有权和处置权；掌握人工智能密切相关的法律法规，并在人工智能应用中进行安全风险评估 3. 能够分析预判不当应用人工智能可能导致的不良影响与危害，能够评估、预警、规避和防范人工智能应用中可能引发的伦理问题与安全风险，并能及时处置相关问题，化解风险

在人工智能课程评选活动方面，以教育管理部门组织的评比活动为主（见表 2-13），随着相关活动的规范化，由社团或社会组织的相关活动逐步整合到教育部白名单活动中。教育部教育技术与资源发展中心（中央电化教育馆）将原"中小学人工智能教育教学课例征集活动"纳入"全国师生信息素养提升实践活动（教师部分）"，成为其中的"中小学人工智能教育教学课例征集项目"，继续面向中小学人工智能课程各应用学校征集教学课例并交流展示。

在评选标准方面，对教师应用智能技术的要求更高。以甘肃省教育厅举办的 2022 年甘肃省中小学教师信息技术应用能力竞赛为例，赛事要求可参赛课例包括四种类型：信息化教学精品课、智能技术创新教学应用示范课、科创教育教学示范课、国家中小学智慧教育平台应用说

表 2-13　2023 年人工智能课程评比活动

时 间	活动名称	主办方	评 选 内 容	作品形式
2023 年 2 月 9 日	温州市中小学人工智能精品课例资源征集评审活动	温州市教育教学研究院	立足信息技术（科技）课程标准，体现课程育人目标，围绕真实情境问题，深入研究物联网、人工智能与机器学习的课堂教学，促进学生学科核心素养的发展	微课视频、课件、教学设计、导学评价单、作业练习等
2023 年 3 月	2023 年全国师生信息素养提升实践活动（第二十七届教师活动）中小学人工智能教育教学课例征集项目	教育部教育技术与资源发展中心（中央电化教育馆）	融合创新应用教学案例、信息化教学课程案例	教学设计、课堂实录、教学课件、相关资源
2023 年 3 月 29 日—31 日	中小学人工智能教育实践研究项目第一届成果交流展示会	课程教材研究所	实验区中小学人工智能优秀教学课例	人工智能教学课例
2023 年 4 月 19 日	2023 年度中国教育学会中小学信息技术（科技）应用及教学案例征集活动	中国教育学会中小学信息技术教育专业委员会	初中课例主题：新课程标准实施课例，包含互联网应用与创新、物联网实践与探索、人工智能与智慧社会等	教学设计、课堂实录、教学资源包
2023 年 7 月	2022 年甘肃省中小学教师信息技术应用能力竞赛	甘肃省教育厅	智能技术创新教学应用示范课、智能技术创新教学应用	教学课例
2023 年 9 月—2024 年 1 月	AI 创新教学案例征集活动	中国科协青少年科技中心、中国青少年科技教育工作者协会、上海人工智能创新中心	以科技创新为主题的项目式学习、跨学科主题学习教学案例等。教学案例要求以人工智能为核心研究工具或内容，关注真实情境中的跨学科问题	课程实施文档、案例介绍、其他附件

课。其中信息化教学精品课要求技术支持的大单元教学、跨学科教学、项目化学习等，智能技术创新教学应用示范课要求聚焦具体学科开展的数字化阅读教学、虚拟实验教学、智能口语练习、智能写作训练、智慧体育应用等，凸显人机协同教学理念，以及智能技术作用的发挥、数据价值挖掘应用。

2.2.3　学生交流活动及测评

自 2018 年 9 月《关于面向中小学生的全国性竞赛活动管理办法（试行）》印发以来，教育部连续三年公布通过审核的竞赛清单（简称"教育部竞赛白名单"），后结合《关于进一步减轻义务教育阶段学生作业负担和校外培训负担的意见》，2022 年 3 月，教育部办公厅等四部门联合发布《面向中小学生的全国性竞赛活动管理办法》（简称《竞赛管理办法》）。在《竞赛管理办法》和"教育部竞赛白名单"共同规范下，学生交流活动正逐步规范化管理，学生竞赛鱼目混杂乱象得到控制。2022 年 9 月 27 日，教育部办公厅印发《关于公布 2022—2025 学年面向中小学生的全国性竞赛活动的通知》，其中与人工智能教育相关的 2023 年度部分比赛（见表 2-14）。

表 2-14　2023 年度全国性竞赛活动名单中人工智能相关赛事活动（部分）

时　间	竞赛名称	主办单位	面向学段	比赛类型
2023 年 4 月—8 月	第六届全国青少年人工智能创新挑战赛	中国少年儿童发展服务中心	小学、初中、高中、中专、职高	编程、机器人、设计
2023 年 7 月 14 日—16 日	2022—2023 学年全国中小学信息技术创新与实践大赛（NOC）	中国人工智能学会	小学、初中、高中、中专、职高	编程、机器人、设计、人工智能
2024 年 1 月 25 日—31 日	2023 世界机器人大赛	中国电子学会	小学、初中、高中、中专、职高	编程、机器人
2023 年 7 月 29 日—31 日	第三届（2022—2023 学年）全国青少年科技教育成果展示大赛	中国下一代教育基金会	小学、初中、高中、中专、职高	编程、设计、人工智能、无人机
2023 年 8 月 9 日—13 日	第七届全国青少年无人机大赛	中国航空学会	小学、初中、高中、中专、职高	编程、无人机
2023 年 6 月—9 月	第九届全国青年科普创新实验暨作品大赛	中国科协	初中、高中、中专、职高	机器人、设计
2023 年 8 月	第十八届宋庆龄少年儿童发明奖	中国宋庆龄基金会、中国发明协会	小学、初中、高中、中专、职高	编程、设计、人工智能
2023 年 7 月 22 日—28 日	第 40 届全国青少年信息学奥林匹克竞赛（NOI 2023）	中国计算机学会	高中	信息学

续　表

时　间	竞赛名称	主办单位	面向学段	比赛类型
2023 年 4 月—9 月	第 37 届全国青少年科技创新大赛	中国科协	小学、初中、高中、中专、职高	设计、人工智能
2023 年 3 月—8 月	2022—2023 学年全国青少年航天创新大赛	中国航天科技国际交流中心	小学、初中、高中、中专、职高	机器人、设计、航天
2023 年 4 月—6 月	第十四届蓝桥杯全国软件和信息技术专业人才大赛	工业和信息化部人才交流中心	小学、初中、高中、中专、职高	编程、设计
2023 年 6 月—8 月	2022—2023 学年中国"芯"助力中国梦——全国青少年通信科技创新大赛	中国通信工业协会	小学、初中、高中、中专、职高	设计、人工智能、通信

此外，在《竞赛管理办法》规范下，一些地方性教育管理部门和社会组织也通过筹办人工智能学生交流展示活动，作为教育部竞赛白名单的重要补充（见表 2-15）。也应该关注到，往年一些人工智能交流活动未能持续开展，部分赛事选择联合举办，如全球青少年图灵计划与扣哒世界、扣哒人工智能学院联合举办"全球青少年人工智能算法挑战活动"。中国人工智能创新大赛等活动暂停举办，恢复时间尚未公布。

表 2-15　2023 年教育部名单外人工智能学生交流展示活动

时　间	竞赛名称	主办单位	面向学段	比赛类型
2023 年 5 月—11 月	第三届长三角青少年人工智能奥林匹克挑战赛	上海市教育委员会	长三角地区小学、初中、高中、中专、职高	编程、设计、人工智能
2023 年 6 月 18 日	第二届北京市中小学生人工智能竞赛	北京市教育委员会	小学、初中、高中	编程、设计、人工智能
2023 年 7 月 16 日—23 日	第二十四届全国学生信息素养提升实践活动	教育部教育技术与资源发展中心（中央电化教育馆）	小学、初中、高中（含中职）	编程、设计、机器人
2023 年 9 月—2024 年 1 月	2023 年全国青少年人工智能创新实践活动	中国科协青少年科技中心、中国青少年科技教育工作者协会、上海人工智能创新中心	小学、初中、高中（含中专、职高）	设计、人工智能

2023 年是 AIGC 和大模型兴起之年，一些学生活动已开始融入生成式人工智能的实践活动。中国科协青少年科技中心、中国青少年科技教育工作者协会、上海人工智能创新中心联

合举办的"2023年全国青少年人工智能创新实践活动",设置了四项学生活动,包括AI艺术生成、AI交互设计、AI工程实践、AI算法挑战。该活动旨在提高青少年对AI的理解、激发AI+艺术创作能力,提升整体素养,培养创新思维能力,提升AI技术应用与积木编程实践能力,培养项目化问题解决能力和项目实践能力,提高通用人工智能(AGI)时代的人工智能技术水平和实践能力。

与智能技术又一次兴起的热闹相比,学生参与人工智能赛事或活动的频率似乎并没有显著提升。一项连续多年的跟踪调研显示(见图2-15),受访学生参与人工智能相关比赛的比例在2021年达到46%,远高于2020年的25%,但在2023年降至37%。学生的人工智能赛事参与率降低现象有待于进一步调研。

据一项有关学生都参与了哪些人工智能赛事或活动的调研结果显示(见图2-16),教育系统部门组织的赛事学生参与率最高,达73%,其次依次是非营利组织(15%)、高校(8%)和企业(4%)。这一现象可以解释为《竞赛管理办法》和"教育部竞赛白名单"发挥了作用,学生和家长更加认同教育系统部门组织的赛事或活动。

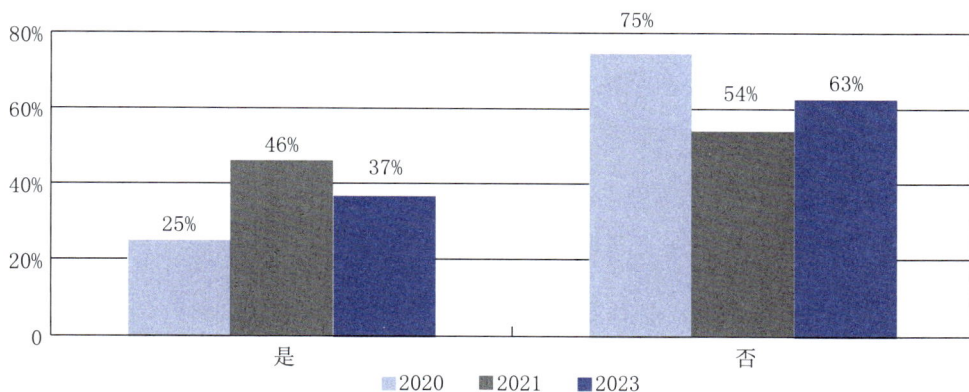

图 2-15　2020、2021 与 2023 年学生是否参加人工智能相关比赛的情况对比(学生数据)

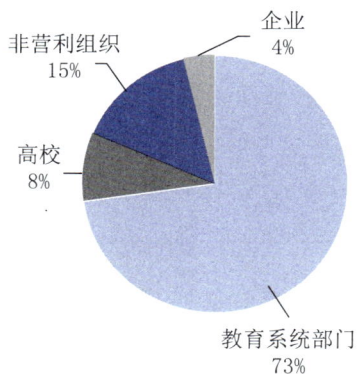

图 2-16　学生参与人工智能相关竞赛(比赛/交流展示活动)的活动主办方(学生数据)

2.3 人工智能教学环境建设

人工智能教学环境的概念正在泛化，基于智能技术的软硬件、平台、资源等都成为构成环境的必要条件。当前学习者可以通过不同渠道获取信息以促进人工智能学习的发生。

2.3.1 智能学习平台

智能学习平台根据资源类型可以分为两类。一类是以人工智能技术和资源为核心的服务类平台，如 PaddlePaddle、腾讯 AI 开放平台、Face++ 等。此类平台提供通用型人工智能服务和配套资源，随着开发人工智能应用和场景适配需要更高效和更低成本的智能服务，此类平台正在变得更加开放，平台通过提供行业解决方案和应用场景细化来实现开放通用的智能服务。另一类是依托人工智能课程和案例的智能学习平台。此类平台通过提供人工智能教学视频、教学软件、题库等，为学习者搭建一整套可供自主学习的资源脚手架。这一类平台数量多，但生命周期相对要短。

通过对往年智能学习平台的持续运营情况进行跟踪调查，发现除少数平台停止运营外，部分平台更改了名称，丰富了平台功能或修改了平台定位，多数智能学习平台仍在正常运转（见表 2-16）。从平台类别看，通用性智能技术平台具有更强的生命力，在相关产业需求驱动下，平台定位开始从人工智能体验转变为人工智能开放服务，集成人工智能问题解决服务，此类平台逐步形成基于人工智能技术的生态循环。

表 2-16 2023 年部分智能学习平台名称变迁

2023 年之前名称	2023 年平台名称
腾讯 AI 体验平台	腾讯 AI 开放平台
唐诗别苑	诗词别苑
百度智慧课堂	百度 AI 教育实验室
爱熊智学空间平台	智慧蒜
腾讯智启学堂教学平台	腾讯青少年人工智能教育
慧课堂	慧编程
编程猫未来教室	点猫校园编程

ChatGPT3.5 的惊人表现，倒逼业界重新评估大模型和生成式人工智能的价值，ChatGPT4.0 向世人展示了大模型惊人的迭代速度和应用潜力。目前，我国业界正快速跟进和布局大模型平台。OpenAI 公司为其他公司开放的智能服务让其在获取用户方面获得惊人速度，

因此，许多后来者同样选择开放的商业竞争策略，这既是应对行业竞争的无奈之举，也是通过开放策略换取用户并进行模型迭代的可行方案。目前，大模型平台也是智能学习平台的关键内容。各个口径的统计指出，截至 2023 年 12 月，我国已发布超过一百个大模型，这一充分竞争阶段被称为"百模大战"。

2.3.2　智能教学空间

校园的智能化是智慧校园的发展趋势，目前人工智能主要应用在校园治理和课堂教学两个层面。一项关于"校园内应用了哪些人工智能技术"的调查研究显示（见图 2-17），"人员进出校门""课堂考勤或活动签到""图书借阅""校内消费""校外人员来访"是校内最常见的五类应用。显然，上述这些应用尚处于校园治理层面，还未真正走入课堂。而"作业批改或考试等测评领域""英语口语等日常训练""基于视频 / 语音的智能学情分析"的比例较低。我国校园智能化程度有待进一步提升，课堂中的智能技术尚未真正普及。

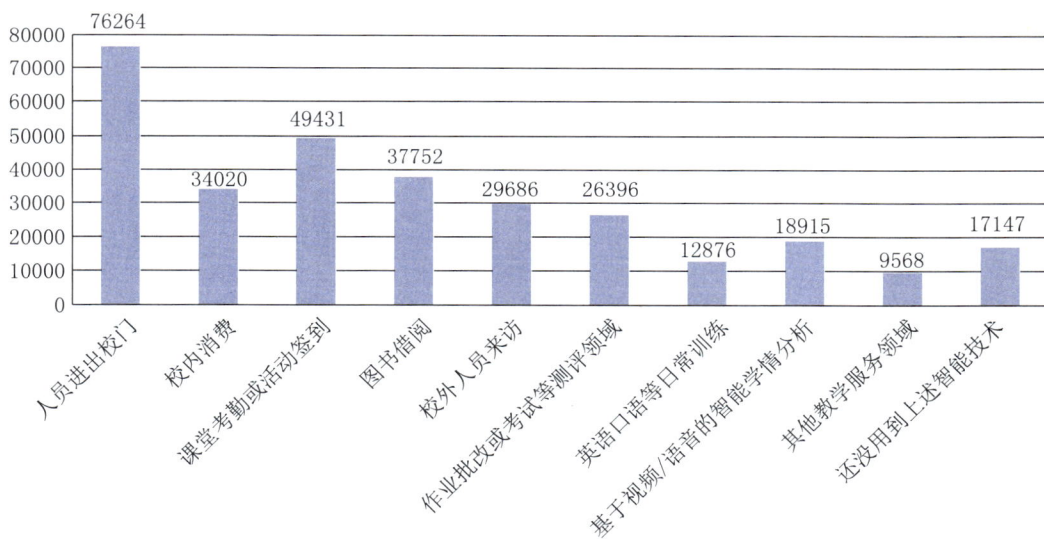

图 2-17　校园内应用的人工智能技术

在网络空间，国家中小学智慧教育平台成为我国人工智能教育的重要抓手。2023 年 6 月 9 日，联合国教科文组织宣布中国"国家智慧教育平台"获得 2022 年度联合国教科文组织哈马德·本·伊萨·阿勒哈利法国王教育信息化奖。全球 58 个教科文组织会员国的 98 个项目申报该奖项，中国"国家智慧教育平台"项目凭借"通过数字学习平台促进公众的知识获取"方面的突出成就脱颖而出。一同获奖的还有爱尔兰"国家资源中心"项目。

教科文组织认为，2022 年推出的中国"国家智慧教育平台"包罗万象，提供大量与课程匹配的学习资源，包括 4.4 万项涵盖各年级和学科的基础教育内容、1.9 万项职业教育内容以及 2.7 万项高等教育线上课程。该平台还提供了丰富的课外材料供学生全面学习，涉及心理健康和福祉、体育、艺术等领域。平台拥有 1315 万注册用户，在疫情期间发挥了关键作用，极大方便了大规模远程学习。此外，项目还涵盖数字能力建设——为逾千万教师提供培训，惠及偏远和农村地区学生——进而提高中国教育的质量和公平性。

目前，该平台下的国家中小学智慧教育平台包含"德育""课程教学""体育美育""劳动教育""课后服务""教师研修""家庭教育""教改经验""教材"和"地方频道"等模块。

在课程教学模块，提供学生自主学科和教师备课授课服务。以"人工智能"为关键词进行检索，可获取各年级的人工智能课程、讲座等（见图 2-18）。

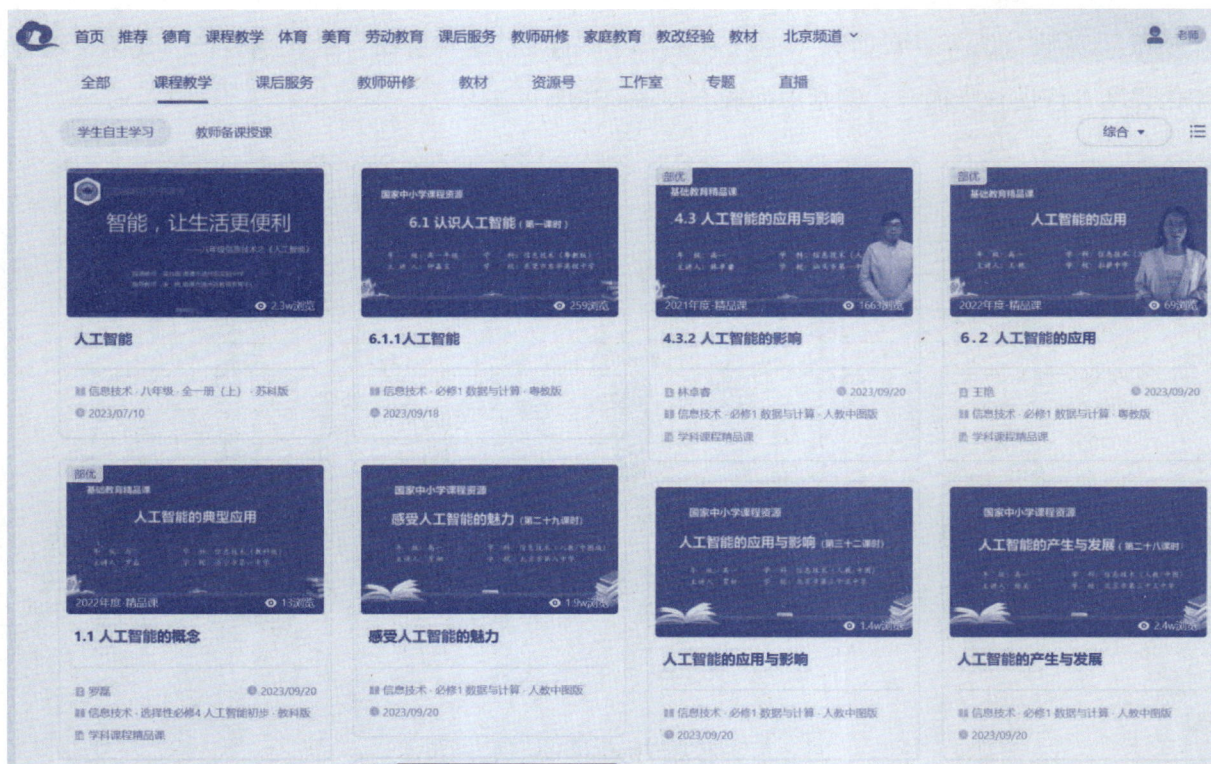

图 2-18 国家中小学智慧教育平台课程教学模块（人工智能）

除了国家级平台外，地方教育部门和社会组织也在大力推动功能性人工智能教育平台建设。2022 年，上海人工智能创新中心上线浦育青少年人工智能开放创新平台（见图 2-19），该平台是上海人工智能实验室智能教育中心团队发布的一个面向青少年的 AI 开放平台。平台提供一站式的 AI 学习服务，为从事 AI 教育的老师们以及 AI 科创的同学们提供前沿的、多元的、易用的、连通的 AI 学习创作工具，并配以丰富的课程与实践案例以及权威的青少年读本，在

图 2-19　浦育青少年人工智能开放创新平台

普及推广 AI 科技的同时鼓励青少年应用 AI 工具进行科学探究与应用创新。该平台上有多样化 AI 教育创新实践工具集，提供完善的云端开发工具支撑，全面涵盖 AI 项目实践的各个方面，包含 Python 编程 IDE、Notebook 编程工具、创意积木工具、硬件编程工坊、数据标注工具、AI 可视化训练工具等多个云端工具支撑，降低了青少年 AI 学习门槛，工具之间打通数据流转，实现了从数据标注、模型训练到模型推理、模型部署应用等 AI 全流程的实践。

青少年科创教育教学平台，提供用户管理、课程研发和发布、自主学习、作业管理、在线实验等一系列功能支持，构建完整的大数据功能，从数据仓库到数据分析、数据看板等，研究和分析国内青少年 AI 教学现状。

智能教育门户系统，串联教学平台、各类 AI 教育创新实践工具集、大赛系统，构建信息发布系统，支持人工智能教材的发布与推广，并通过专题栏目在青少年中普及名师、名校、实验室各研究中心、合作高校在 AI 技术上的研究和应用成果。

2.4　人工智能教育理念发展

从 2017 年国务院印发《新一代人工智能发展规划》，到 2018 年教育部颁布《普通高中信息技术课程标准（2017 年版）》，再到 2022 年教育部颁布《义务教育信息科技课程标准

（2022 年版）》，我国基础教育阶段的人工智能教育也在不断完善和优化。

2.4.1 人工智能教育体系

2022 年至 2023 年，在《义教课标（2022 年版）》的推进和保障作用下，我国基础教育阶段人工智能教育，尤其在初中阶段与小学阶段，课程与教学用书建设、教师培养、学生交流活动、软硬件平台与教学空间建设等方面，呈现稳步发展的良好态势。

2.4.1.1 课程育人价值追求更为明确

《义教课标（2022 年版）》的颁布与实施，对基础教育各阶段人工智能教育衔接起到了积极的促进作用，其中《义教课标（2022 年版）》与《高中课标》统一的育人价值追求对人工智能教育核心素养培养起到了决定性的影响。纵观《义教课标（2022 年版）》之后颁布的各类团体课程指南，其核心素养的界定，均含有信息科技课程中信息意识、计算思维、数字化学习与创新、信息社会责任的相关内容，尤其是计算思维的培养在人工智能教育中尤为凸显。纵观 2022 年至 2023 年众多优秀的课程案例，其课程目标更多指向了学生数字素养与技能的提升。

2.4.1.2 加快推进人工智能教育的普及

在课程育人价值追求更为明确的情况下，2022 至 2023 年，随着"央馆人工智能课程"规模化应用试点区（含试点校）与"智慧教育示范区"的确立与推进，基础教育阶段人工智能课程逐步呈现规模化。国家、地方课程标准的研制更加科学、全面，覆盖基础教育各学段的人工智能课程内容模块、类型、领域设计，以及人工智能课程资源、师资培训、软硬件平台建设等。这些支撑人工智能教育发展基础条件的多元发展，正在加快推进人工智能教育的普及。

2.4.1.3 构建以实践为中心的新型育人方式

新课标要求新教学不能简单在原有的育人方式框架中把实践活动只是作为手段、点缀，而是要以学科实践为支点，构建以实践为中心的新型育人方式。2023 年全国举办的系列人工智能教师培训和学生活动，都将实践性学习作为促进教师能力和学生数字素养提升的主要途径。在教师培训内容方面，正在经历从理论和设计层面逐步迈入教学实践与应用的变革，教师通过实践性培训学习如何以实践为中心教书育人。以教育系统部门为主导力量的学生赛事和活动，近年来一直在通过主题设计来引导学生人工智能创新与实践能力培养，并形成规范化的赛事体系。

2.4.1.4 人工智能教育的区域性特色发展

2023 年，教师培训的成效开始在人工智能区域层面发挥作用。以广州市、深圳市和青岛市为例，人工智能教育实质已推行到课程阶段，且区域政策驱动方式各具特色。

2019 年以来，青岛市施行了以整体规划政策为先导、课程建设在后的区域性人工智能教育政策策略，先后出台《青岛市人工智能教育实施意见》《中小学人工智能课程指导纲要》等一系列政策文件，从教育内容、教学标准、师资建设、评估评价、教育应用等维度，构建起了"一纲多本，教练结合"的青岛人工智能教育体系。

广州市以"中小学人工智能课程改革实验区""智慧教育示范区""人工智能助推教师队伍建设实验区"等政策作为推动人工智能教育的主要抓手，经过多年发展，出台了《广州市中小学人工智能教育普及工作方案》(2021)，在前期人工智能课程改革实验的基础上，面向全市中小学生推广人工智能教育，培养适应未来人工智能社会、具备相关基础知识和核心素养的复合型、创新型人才。

深圳市采取全市施行《深圳市新一代人工智能发展行动计划（2019—2023 年）》等政策，各区分别开展人工智能教育实践。南山区在 2021 年率先发布《南山区推进人工智能教育的指导意见》，包括《南山区中小学人工智能课程纲要》和《南山区中小学人工智能普及教学安排与要求》两个附件。2023 年，深圳市教育局发布《深圳市义务教育人工智能课程纲要》，要求各区开展人工智能课程，并将人工智能教育纳入学业评价。

2.4.2　人工智能教育学科延伸

随着人工智能教育体系呈现持续稳步发展的良好态势，基础教育阶段人工智能教育学科也在 2022 年至 2023 年进一步完善与发展，基础教育阶段人工智能教育学科更加聚焦加强伦理规范与教育场景的多元化。

2.4.2.1　加强伦理规范

2022 年至 2023 年，随着 ChatGPT 的兴起与应用，人工智能与人、人工智能与社会甚至是人工智能之间的关系再一次成为人们热议的问题，以至于人工智能伦理问题如何在人工智能教育学科中体现成为未来一段时间内需要面对的问题。人工智能教育中加强伦理内容的必要性在于，人工智能技术的发展和应用，不仅需要技术的支持，更需要伦理的约束。立德树人是教育的根本任务，在培养学生关键能力时，必备品格和正确的价值观同样重要，因此，在人工智能课程中渗透人工智能伦理，以此实现学科育人，帮助学生树立正确的人工智能价值导向，培养人工智能时代具有社会责任感的中国公民，并高度重视人工智能教育发展可能带来的伦理问题。

2.4.2.2　教育场景的多元化

随着国家课程与地方课程标准的陆续颁布与实施，2022 年至 2023 年，我国基础教育阶段人工智能教育从过去独立课程延伸至跨学科（融合）课程，从社团课程延伸至课后服务课程。

在课后服务课程中，学校活动不再局限于课后服务的时间和校内，而是开始将人工智能教育学科延伸至更长课时的外出实践、科普讲堂等活动，人工智能教育由此拓展至科技馆、高校实验室、人工智能企业等场所，教育场景愈发多元化。

第三章

CHAPTER 3
人工智能赋能教育的发展

2022 年，教育部启动教育数字化战略行动。2023 年 5 月，习近平总书记在主持中央政治局第五次集体学习时指出："教育数字化是我国开辟教育发展新赛道和塑造教育发展新优势的重要突破口。进一步推进数字教育，为个性化学习、终身学习、扩大优质教育资源覆盖面和教育现代化提供有效支撑。"这标志着教育数字化战略进入了由深向实的全新阶段。推动人工智能和教育深度融合，推动人才培养模式、教学方法改革，探索形成可复制、可推广的人工智能示范应用场景，"人工智能 + 教育"不断碰撞出新的火花，教育理论创新和人工智能技术进步双轮驱动教育高质量发展。

3.1　人工智能赋能教育发展的阶段性契机

3.1.1　教育数字化转型深入推进

3.1.1.1　国家政策

2022 年至 2023 年，从国家宏观战略层面，人工智能赋能教育得到了高度重视（见表 3-1）。2022 年 7 月，科技部等六部门发布了《关于加快场景创新以人工智能高水平应用促进经济高质量发展的指导意见》，明确提出"围绕安全便捷智能社会建设打造重大场景""教育领域积极探索在线课堂、虚拟课堂、虚拟仿真实训、虚拟教研室、新型教材、教学资源建设、智慧校园等场景"。2022 年 9 月，科技部发布的《关于支持建设新一代人工智能示范应用场景的通知》中，将"智能教育"作为首批示范应用场景列入。科技赋能教育人工智能战略格局初步形成。

在教育内部，人工智能技术在赋能教师发展、促进教学方式变革等方面展现出巨大潜力，其本身也成为新时代教育的重要内容之一。2022 年 3 月，教育部发布《义务教育信息科技课程标准（2022 年版）》，人工智能作为重要内容被列入信息科技课程中。探索人工智能变革教学的新路径，以数字化为杠杆，为教师赋能，促进教学升级，撬动教育整体变革，推动教育更加包容、更加公平、更有质量成为教育领域新共识。

在社会各界大力推动人工智能与教育深度融合的同时，对人工智能教育伦理的关注也愈发得到政府部门重视。2023 年 8 月，国家互联网信息办公室等七部委联合发布《生成式人工智能服务管理暂行办法》，对教育等领域生成式人工智能发展与应用进行了规范。

表 3-1 2022—2023 年基础教育相关人工智能国家级政策汇总

发布单位	发布时间	政策名称	相 关 表 述	关键词
科技部等六部门	2022 年 7 月	《关于加快场景创新以人工智能高水平应用促进经济高质量发展的指导意见》	教育领域积极探索在线课堂、虚拟课堂、虚拟仿真实训、虚拟教研室、新型教材、教学资源建设、智慧校园等场景	场景、在线课堂、虚拟课堂、虚拟仿真实训、虚拟教研室、新型教材、教学资源建设、智慧校园
科技部	2022 年 9 月	《关于支持建设新一代人工智能示范应用场景的通知》	智能教育：针对青少年教育中"备、教、练、测、管"等关键环节，运用学习认知状态感知、无感知异地授课的智慧学习和智慧教室等关键技术，构建虚实融合与跨平台支撑的智能教育基础环境，重点面向欠发达地区中小学，支持开展智能教育示范应用，提升优质教育资源覆盖面，助力乡村振兴和国家教育数字化战略实施	智能教育、关键环节、关键技术、基础环境、示范应用
教育部	2022 年 3 月	《义务教育信息科技课程标准（2022 年版）》	信息科技课程围绕数据、算法、网络、信息处理、信息安全、人工智能六条逻辑主线，设计义务教育全学段内容模块，组织课程内容，体现循序渐进和螺旋式发展	人工智能
国家互联网信息办公室等七部门	2023 年 8 月	《生成式人工智能服务管理暂行办法》	支持行业组织、企业、教育和科研机构、公共文化机构、有关专业机构等在生成式人工智能技术创新、数据资源建设、转化应用、风险防范等方面开展协作	生成式人工智能、风险防范、协作

3.1.1.2 地方政策

在国家政策的推动下，各级地方政府也将教育场景作为人工智能应用创新的重要领域（见表 3-2）。2022 年 1 月，浙江省《建设杭州国家人工智能创新应用先导区行动计划（2022—2024 年）》提出"加快推动人工智能在教育等民生重点领域应用""推动人工智能开放平台、行业大数据中心、典型应用场景深度融合，到 2024 年，在智慧教育等领域形成一批可复制推广的人工智能应用解决方案"。2022 年 9 月，《上海市促进人工智能产业发展条例》提出"探索应用人工智能技术丰富教育资源供给，建设智能化开放教育资源平台"。

同时，在各级政府陆续发布的教育整体规划及教育数字化相关政策中，人工智能赋能教育创新均被重点提及。2022 年 3 月，《北京教育信息化"十四五"规划》在基本原则中即提出"促进以大数据、人工智能为代表的信息技术与教育融合创新，构建教育教学新模式"。2023

年 8 月，《湖北省教育数字化战略行动计划（2023—2025 年）》提出"推进基于人工智能的智能助教、智能学伴等教学应用，促进学生个性化发展""到 2025 年，人工智能与教育融合率达到 80%"。

表 3-2　2022—2023 年基础教育相关人工智能省级政策汇总

发布单位	发布时间	政策名称	相 关 表 述	关键词
浙江省	2022 年 1 月	《建设杭州国家人工智能创新应用先导区行动计划（2022—2024 年）》	加快推动人工智能在教育等民生重点领域应用，支持行业领军企业开展多元化场景应用，持续探索新型应用模式。推动人工智能开放平台、行业大数据中心、典型应用场景深度融合，到 2024 年，在智慧教育等领域形成一批可复制推广的人工智能应用解决方案	多元化场景应用、深度融合、可复制、可推广
上海市	2022 年 9 月	《上海市促进人工智能产业发展条例》	探索应用人工智能技术丰富教育资源供给，建设智能化开放教育资源平台。本市鼓励教育机构、企业等在多种学习场景中提供智能化、精准化、个性化服务，助力智能教育生态环境建设	教育资源供给、智能化开放教育资源平台、智能化、精准化、个性化服务、智能教育生态
北京市	2022 年 3 月	《北京教育信息化"十四五"规划》	促进以大数据、人工智能为代表的信息技术与教育融合创新，构建教育教学新模式	融合创新，教育教学新模式
湖北省	2023 年 8 月	《湖北省教育数字化战略行动计划（2023—2025 年）》	推进基于人工智能的智能助教、智能学伴等教学应用，促进学生个性化发展；到 2025 年，人工智能与教育融合率达到 80%	教学应用、学生个性化发展、人工智能与教育融合率

3.1.2　学校教育高质量发展需求

3.1.2.1　新课标实施

2022 年版义务教育课程标准的突出特点是核心素养导向。通过课程目标的素养表述、课程内容结构化、跨学科主题学习、学业质量的素养描述，让学生进入课程，让核心素养从理念变成实践，落地生根，实现课程育人的根本目的。新课程标准对于核心素养培养、跨学科方法教学、教育评价改革等方面提出了更高的要求，人工智能技术对赋能学生成长、改善学习环境和资源具有显著意义。加快人工智能在教育中的全面融合与创新应用，是切实推动学校发展方式、教师教学方式和学生学习方式转变，提升教育教学的专业化水平，释放潜在发展能力，实现高质量发展的必然要求。

3.1.2.2 变革教育的全面需求

当前，人工智能技术与教育融合在基础教育的实践应用中已经展现了巨大的变革作用。以2022年国家级基础教育国家级教学成果奖为例，共有28项体现了在人工智能技术赋能下教学方式、教育评价、个性化培养和教师培训等方面的教育创新（见表3-3）。其中，上海市黄浦区卢湾一中心小学的《数智技术与情感教育双驱动的小学育人模式实践探索》荣获特等奖。该案例将"数智技术"赋能爱的教育，不只关心分数，更拓展至育人全过程，覆盖知识、能力、行为、心理、情感等各方面；让每位教师都拥有隐形的智慧育人"助手"，通过人技结合，助力因材施教，更赋能立德树人，体现了卢湾一中心小学多年来坚持发展素质教育，积极应用数智技术，探索新时代小学育人模式转型的创新性实践。

表 3-3　2022 年国家级基础教育国家级教学成果奖获奖相关项目

序号	成 果 名 称	所 在 单 位	级别
1	数智技术与情感教育双驱动的小学育人模式实践探索	上海市黄浦区卢湾一中心小学	特等奖
2	综合素质评价促进育人方式改革的上海探索与实践	上海市电化教育馆	一等奖
3	中小学一体化人工智能课程体系构建与实践研究	北京市第十八中学	二等奖
4	基于互联网的教育公共服务模式创新——中学教师开放型在线辅导计划	北京师范大学	二等奖
5	区域教学大数据平台建设及其教学运用	天津市第十九中学	二等奖
6	构建基于知识图谱的生物学智适应学习系统，探索人机协同的教学新模式	上海市行知中学	二等奖
7	适合发展：小学数学智慧教学实践与研究	南京市天正小学	二等奖
8	"交互式探究性"数字化课堂教学范式	常州市北郊小学	二等奖
9	云媒教育思维的智慧学园实践样态	江苏省教育科学研究院	二等奖
10	教育数字化支撑大规模因材施教的区域实践	江苏省苏州工业园区教育学会	二等奖
11	信息技术与教学深度融合：初中科学 20 年探索	宁波四眼碶中学	二等奖
12	"让分数呈现意义"数据驱动学业诊断和行为改进的初中育人十年探索	浙江省衢州市柯城区教师进修学校	二等奖
13	学校大脑，推动智慧学习的教育变革	杭州市建兰中学	二等奖
14	基于听障生的"三段两场景"智慧生态课堂教学研究与实践	合肥特殊教育中心（合肥市聋哑学校）	二等奖
15	基于全面育人的中小学智能航空综合实践活动研究	福建省福州第三中学	二等奖
16	数字化技术赋能薄弱学校育人质量提升的实践探究	武汉市武昌区三道街小学	二等奖
17	中小学"人工智能＋教学诊断"深度融合的高质量教学体系的探索与千校推广	华中师范大学	二等奖
18	建立智慧新空间，打造全学科育人新样态——小学探究式学习 20 年实践探索	中南大学第二附属小学	二等奖

续　表

序号	成　果　名　称	所　在　单　位	级别
19	基于人工智能＋学习空间的育人方式变革及实践	广州市越秀区东风东路小学	二等奖
20	科研引领　智能测评　联动指导：中小学生"成长阅读"教育模式的创建与实施	华南师范大学	二等奖
21	信息化教研赋能教师集群化高质量发展的创新与实践	华南师范大学	二等奖
22	跨域协同，智慧未来——小学英语 OMO 智慧课堂的协同重构	深圳市龙华区外国语学校教育集团	二等奖
23	本土化·项目化·智能化：小学语文综合性学习课程的实践与创新	柳州市柳南区实验小学教育集团	二等奖
24	融合校本智能平台的智能化课程单元构建与实施	重庆市沙坪坝区树人景瑞小学校	二等奖
25	大数据赋能精准教学的"三位一体"协同实践体系	四川省教育科学研究院	二等奖
26	指向智能素养的科创融合教育实践研究	乌鲁木齐市八一中学	二等奖
27	运用眼球追踪技术，促进严重智障及多重弱能学生的学习效能	香港明爱赛马会乐仁学校	二等奖

3.1.3　人工智能教育生态逐步完善

3.1.3.1　人工技术突破性发展

人工智能技术是人工智能教育生态的关键驱动力，近年来，人工智能技术在计算机视觉、自然语言处理、语音识别、机器学习、深度学习等领域不断取得重大进展，提高了人工智能的性能和能力。随着 ChatGPT 等生成式人工智能技术的发展，通用性的人工智能基座也逐步确立，极大扩展了人工智能在教育中的应用空间。人工智能技术的突破性发展，不仅提升了人工智能的性能和应用范围，也推动了人工智能赋能教育的创新和发展，为人工智能教育生态的完善奠定了坚实的技术基础。

3.1.3.2　智能化基础设施完善

智能化基础设施是人工智能教育生态的重要支撑，近年来，智能化基础设施在硬件、软件和数据层面均有长足进展。高性能计算机、云计算平台、物联网设备、智能终端等，为人工智能技术的运行和应用提供了高效的计算资源和网络连接；开源开发框架、人工智能平台、人工智能应用、人工智能服务等，为人工智能技术的开发和创新提供了便捷的工具和环境；大数据中心、数据共享平台、数据安全机制、数据标准规范等，为人工智能技术的学习和优化提供了丰富的数据资源和保障。

3.1.3.3　人工智能赋能教育社会氛围向好

人工智能赋能教育社会氛围是人工智能教育生态的重要组成。近年来，人工智能社会氛围在各个方面呈现了向好的趋势，为社会发展营造了良好的氛围和条件。在政策方面，各级政府高度重视和支持，出台了一系列的人工智能战略规划、政策措施、法律法规等，为人工智能赋能教育的发展提供了指导和保障。在产业方面，人工智能教育市场活跃，竞争加大，市场涌现了一批教育领域的人工智能创新企业，为人工智能赋能教育的创新提供了动力和平台。在大众认知方面，公众对人工智能的了解和接受程度不断提高，公众也越来越关注人工智能在教育中的应用和影响，为人工智能教育生态的完善提供了积极的氛围和条件。

3.1.4　人工智能赋能教育的年度现状

通过调研，本年度人工智能赋能教育现状呈现出以下特征。

3.1.4.1　人工智能应用场景普及程度尚可

学校中，在"人员进出校门""校内消费""课堂考勤或活动签到"等九个场景中，人工智能技术均有广泛应用（见图3-1）。其中，人工智能应用最为广泛的场景是"人员进出校门"，占 61.24%。"课堂考勤或活动签到"和"图书借阅"场景位列第二、第三，分别为 39.69% 和30.31%。这一结果显示出人工智能在学校管理中应用较为广泛。调研同时显示，仍有 13.77%的教师并没有在学校中使用到人工智能技术，显示出人工智能应用仍有普及空间。

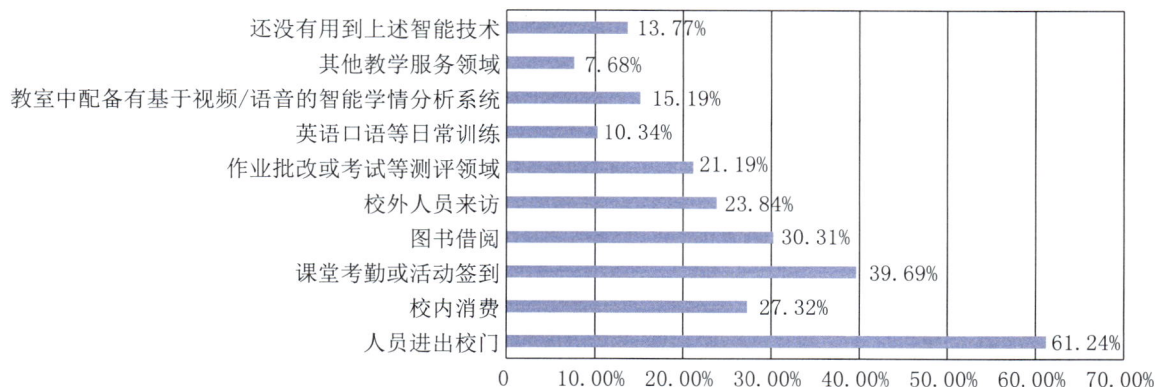

图 3-1　学校人工智能赋能常见场景比例

3.1.4.2　教师人工智能期望较为理性

在"校园管理与治理""课堂教学""作业评测"等典型场景中，教师的期望值和实际感知值之间差距不明显（见图3-2），显示出教师对于人工智能赋能教育有较为理性的认识。但各场景的值均在 3.5 左右，处于中游水平，说明人工智能赋能教育场景的实际作用仍有待进一步提升。

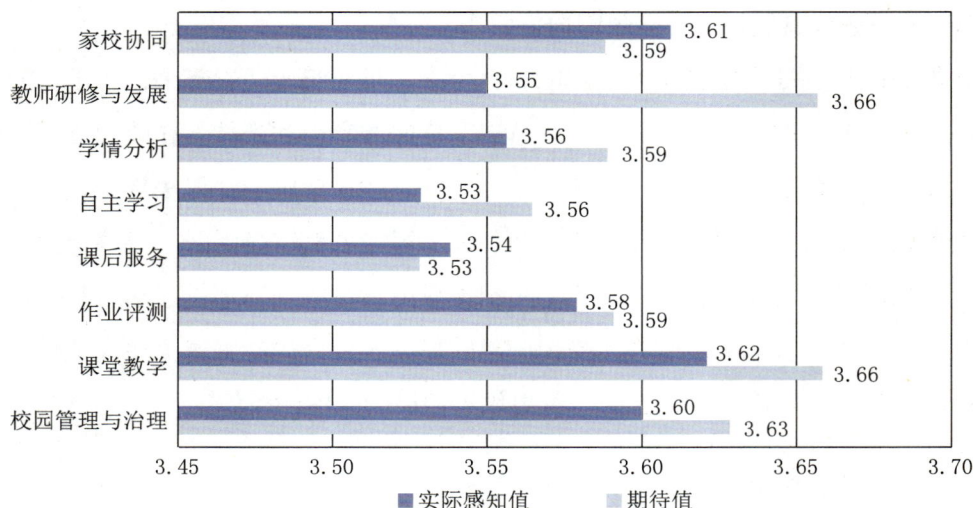

图 3-2　人工智能赋能教育典型场景期待与感受情况

3.1.4.3　适切性是人工智能应用成效影响最大因素

如图 3-3 所示，69.28% 的教师认为人工智能教育平台功能的适切性与易用性是影响人工智能应用成效的重要因素。分别有 57.66% 和 53.01% 的教师认为教育政策要求以及智能应用平台的功能聚合程度（或一体化程度）是影响成效的重要因素。这一结果表明，"应用为王"的理念已经深入人心，对于人工智能教育应用，需要更多关注教育的适切性。同时，政策影响不容小觑，需要不断加强政策的引领作用。调查同时显示，仅有 20.63% 的教师认为数据隐私与安全是影响成效的重要因素，说明教师的数据安全意识需要进一步提升。

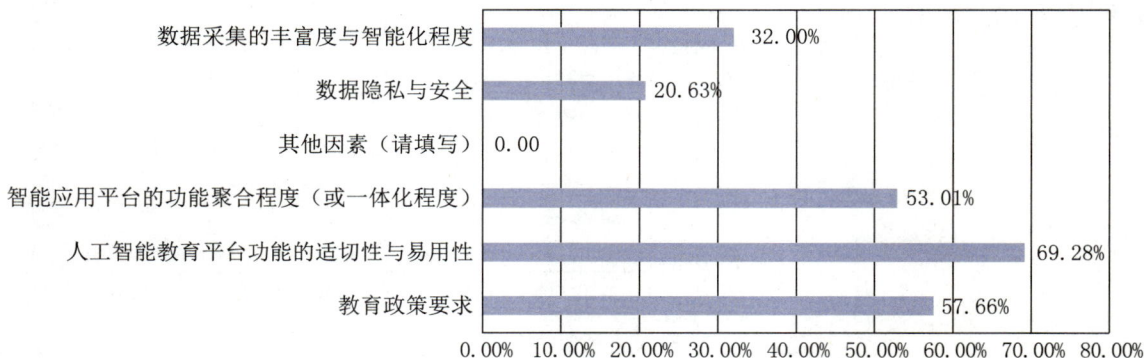

图 3-3　人工智能教育应用成效主要影响因素

3.1.4.4　教师对人工智能应用态度仍存在观望

如图 3-4 所示，虽然教师对"人工智能发展对教育已经产生了重要影响"这一观点持正面态度（3.79 分），并认为"教育需要积极拥抱人工智能技术，努力改变传统的育人方式"（3.77

分），但持"在政策约束下，人工智能在教育中不太可能发挥太大作用"态度的教师仍然有相当比例（3.48 分），显示出教师对于人工智能教育应用仍处于观望态度，仍需进一步通过成熟、成功的应用与示范强化教师信心，改变其消极态度。

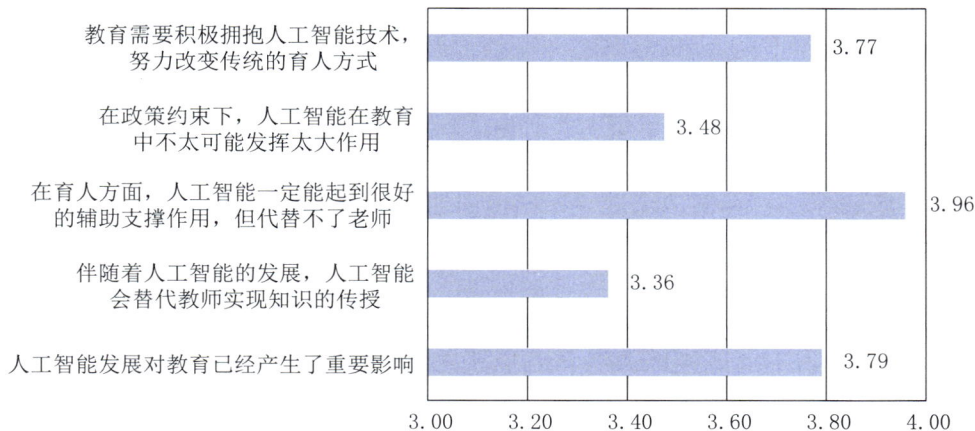

教育需要积极拥抱人工智能技术，努力改变传统的育人方式　　　　3.77

在政策约束下，人工智能在教育中不太可能发挥太大作用　　　　3.48

在育人方面，人工智能一定能起到很好的辅助支撑作用，但代替不了老师　　　3.96

伴随着人工智能的发展，人工智能会替代教师实现知识的传授　　　3.36

人工智能发展对教育已经产生了重要影响　　　　3.79

3.00　3.20　3.40　3.60　3.80　4.00

图 3-4　教师对人工智能教育应用的态度

3.2　人工智能赋能教育的应用场景

将场景牵引贯穿人工智能赋能教育始终，打造一批可复制、可推广、高质量的人工智能教育应用示范场景，是基础教育领域人工智能创新发展的关键所在。围绕基础教育特点和人工智能技术"助学、助教、助研、助管"等应用领域，本报告提出人工智能技术在基础教育领域智能基座、助学、助教、助管、助评和助研六大典型场景和 20 个子场景（见图 3-5），完整展现了当前人工智能赋能教育的概况。本报告选取了 2023 年度"智能大脑"等具有典型年度特征的创新案例进行详细描述。

3.2.1　智能教育大脑

3.2.1.1　场景描述

"智能大脑"最早由雷·库兹韦尔（Ray Kurzweil）提出，指借助海量数据和算法，模拟人脑思考和判断。之后在城市治理领域，有研究者提出城市大脑概念，指在互联网大脑架构的基础上，以云神经网络和云反射弧为建设重点，为解决城市治理难题提供全新工具。在教育领域，人工智能教育大脑是整合新一代智能技术的类脑复杂智能教育系统，可以为解决教育领域数据治理难题提供新路向。

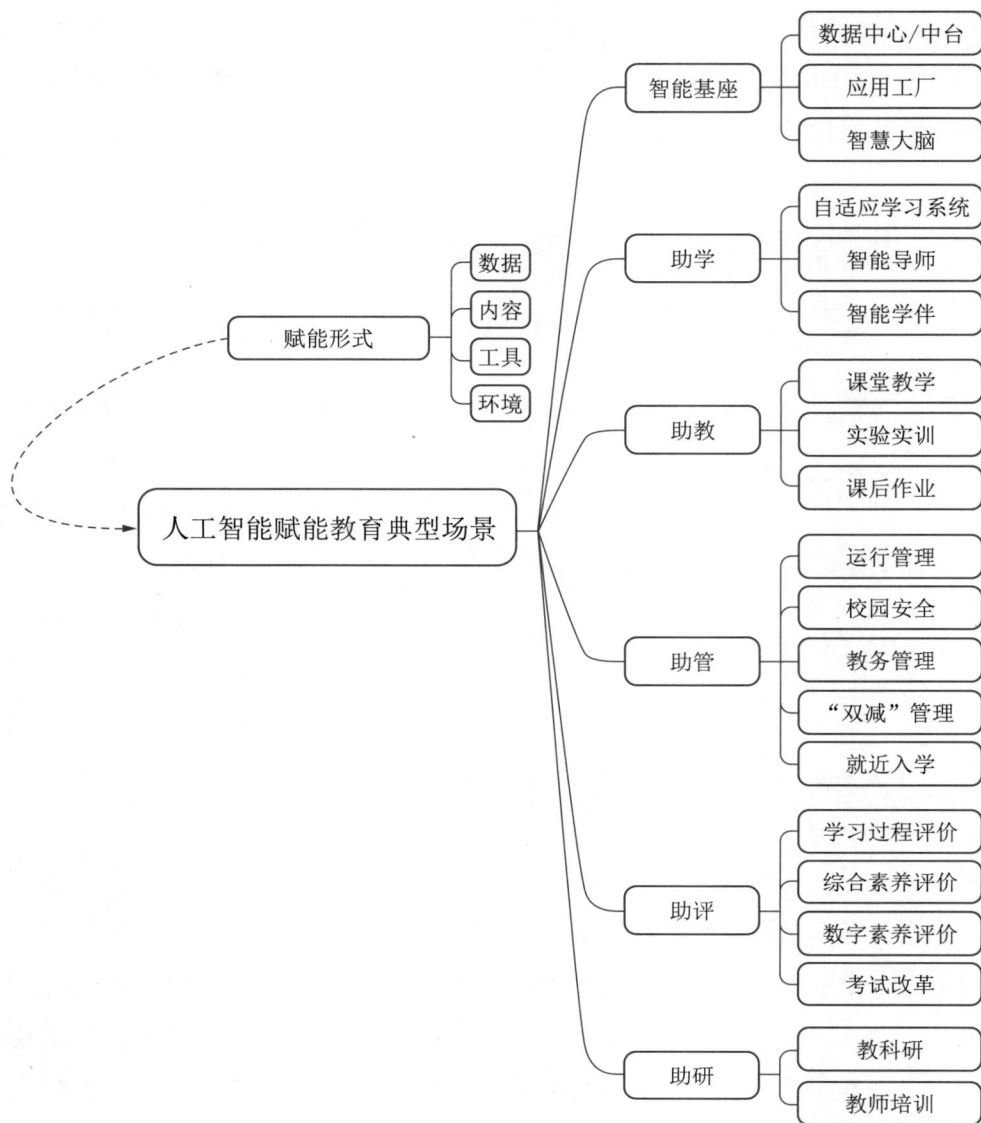

图 3-5　人工智能赋能教育的典型场景

3.2.1.2　典型案例

杭州市建兰中学以"学校大脑"为基础设施，以数字资源为关键要素，不断推动学校的教育教学变革，促进育人生态变革，让学校更会思考。如同人的大脑一样，学校大脑作为学校管理者、教师和学生的助手，对学校各个维度的数据进行实时搜集和分析处理，从而对学校的管理和教育教学方式进行变革。学校大脑系统以互联网为基础设施，由"感、知、用"三层架构组成（见图 3-6）。

"感"：数据采集。学校的课堂教学、育人活动、教师发展等教育教学过程，通过数字化工具，完成数据采集。

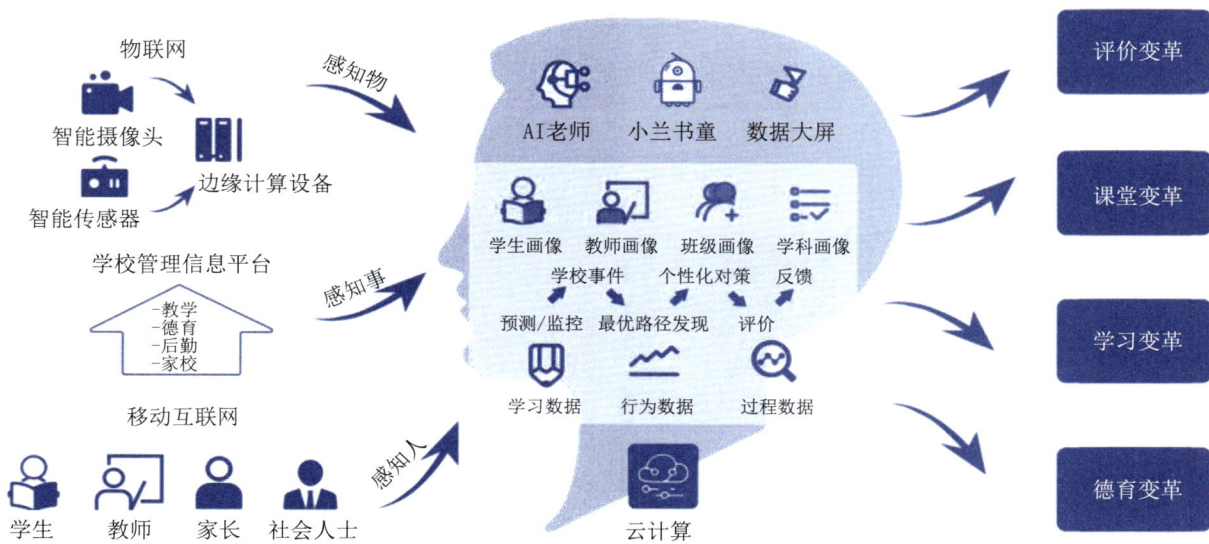

图 3-6 "建兰学校大脑"的目标指向示意图

"知"：数据分析处理。数据中枢汇聚各个应用系统的数据，向上打通教育主管部门系统，完成数据清洗和结构化处理，进入计算平台。

"用"：数据应用与可视化。根据学校构建的考核指标，对数据资源进行可视化、诊断、预警等，把流动的、实时的、有生命力的数据，最终转化为新的生产力，提升学校的管理和服务效能。

建兰"学校大脑"运行五年来，已产生了近两百万条数据。通过"学校大脑"的整体架构，实现学与教的方式转型，也让教育均衡有了新的思路和做法。

3.2.2 智能助教

3.2.2.1 场景描述

智能助教就是人工智能与知识整合发展的产物，其采用自然语言处理、情感分析技术与学生自然交互，作为现代信息技术的一种教学工具，支持学习者与教学社群、学习社群开展知识交互，其本身具有深度学习、情感计算、语音识别等功能，在课堂教学中可以达到拟人效果。其构建的智慧学习环境，具有情景、教具、学具、资源方面教育价值。基于人工智能技术的智能教学助手为学习者提供专业化的教学资源，为教与学提供了强大的技术支撑。

3.2.2.2 典型案例

超星开发的智能教学助手（见图 3-7）可以作为教具创设情境，增加情感体验，辅助教学，提高教学效率；对学习者来说，智能教学助手既符合时代潮流，又结合了学生使用社交软件特点，使学习具有趣味性和便捷性，提高了学生互动参与度和主动性；对于课堂而言，智能教学助手作为教学资源支持工具整合了资源，对学生的课堂参与度有积极影响，将正向影响学生的课堂情感状态，使正向情绪高于负向情绪，课堂不良行为大幅降低。

图 3-7 超星智能助教交互界面

3.2.3 智能教学

3.2.3.1 场景描述

智能教学场景致力于教学流程和教学活动的智能化，这也意味着智能教学场景需要建立在合理的教学组织之上，遵循"定义问题并选择范围——构建系统并确定关键变量收集数据并起草假设——借助树状结构探索可能的未来——概述战略选择"的操作流程，动态刻画和前瞻预判智能教学过程中的"现场"或"景况"。同时，以贯通的教学进阶为分析单元，探索智能教学实践的关键支点和内生机理，据此为智能教育决策提供证据参照。

3.2.3.2 案例说明

北京小学丰台万年花城分校致力于"真实学习"理念下的英语 AI 听读智慧课堂的研究，旨在提高英语课堂教学的实效。该校在课上创新采用 AI 听读设备，鼓励学生大胆开口，课堂任务的设置也趋多样化、便利化，初步形成了"AI 听读四步应用"（见图 3-8）。

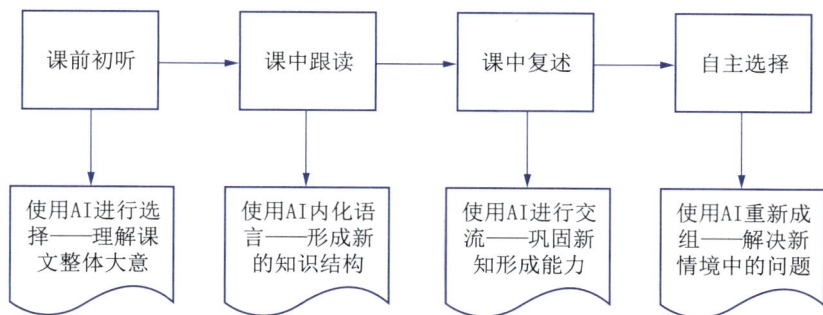

图 3-8　AI 听读四步应用

1. 课前初听，使用 AI 进行选择，初步理解课文整体大意。通过使用 AI 听说设备帮助学生在语境中理解对话内容，学习对话中的词汇和核心语言。学生通过"听"来获取信息，初步感知对话大意。

2. 课中跟读，使用 AI 内化语言，形成新的知识结构。讲解课文后，学生通过使用 AI 听说设备开展朗读练习，及时得到朗读音准、语速、停顿等方面的反馈。实时生成的讲评报告帮助教师了解班级整体水平，呈现识别高频失分词，针对性讲解并巩固，展示优秀示范、典型错误辅助教学。

3. 课中复述，使用 AI 进行交流活动，巩固新知形成能力。在归纳和整理课文核心语言的基础上，学生借助语言支架，使用 AI 听说设备进行自主表达，为迁移创新层次中的真实表达做准备。

4. 自主选择，使用 AI 重新成组，解决新情境中的问题。使用 AI 听说设备进行投票并选出自己喜欢的城市，根据教师提供的各旅行地的资料进行信息的提炼及旅行计划的制订，最后小组同学进行展示并完成评价。

3.2.4　智能化课堂教学评价

3.2.4.1　场景描述

课堂观察是教学研究广泛使用的研究方法之一。课堂观察是指教研人员凭借自身感官（如眼、耳等）以及有关辅助工具（观察表、录音录像设备等），直接或间接从课堂情境中收集课堂教学资料，并依据资料开展教学研究活动的方法。采用多模态人工智能融合分析技术辅助课堂质量观察可以有效助力学校教学、教研的数字化转型升级。基于音视频 AI 能力对课堂行为、师生轨迹进行智能预分析，"系统多记录，教师少记录"提升观察教师分析课堂的效率；每节课的观察数据生成课堂观察数字化报表，实现"一课一报表，一师一档案"的教研素材沉淀留存，与备课等教学环节数据结合分析，提升课堂观察记录的复用价值。

3.2.4.2 典型案例

希沃基于人工智能技术研发的"多模态人工智能课堂分析模型"，能通过信息化终端采集课堂教学场景数据，分析课堂教学中的音视频内容，利用 AI 算法解构课堂教学场景（见图 3-9）。课堂质量观察系统综合使用语音智能分析、视频智能分析，核心算法技术包括视频理解和识别、ASR 语音识别、TTS 语音合成、NLP 自然语言处理等，以上技术的应用让课堂质量观察系统能够辅助观察教师全面细致解构课堂教学要素。课堂质量观察系统结合教室信息化设备（如交互智能平板、智慧黑板或常态化录播等）完整录制课堂教学过程，生成课堂实录视频。多模态人工智能分析模型对课堂实录进行解构分析，通过 AI 算法对教学活动轨迹、教学互动内容、师生姿态及表情、教师提问句式等进行分解、统计、汇总，进而自动生成课堂教学行动轨迹、课堂环节标记、问答片段标记、学生个体课堂行为标记等课堂观察教研活动需要记录的关键数据。课堂质量观察系统全面、客观采集的课堂教学数据辅助观察教师更直观地感知教师的教学质量和学生的学习情况，为教师和教研管理者提供课堂实录、课堂观察报告、教学质量辅助分析等功能。课堂质量观察系统降低对环境设备的要求，装配有内置摄像头及阵列麦克风等交互显示设备的普通教室即可常态化开展智能课堂质量观察分析。学校可将这个系统与备授课应用结合，实现"备—授—研—评"全教学流程数字化，形成教师教学数据档案，提高教学指导、反思的效能，并为实施精准教研、定向提升教师教学能力提供依据，加快教师成长。

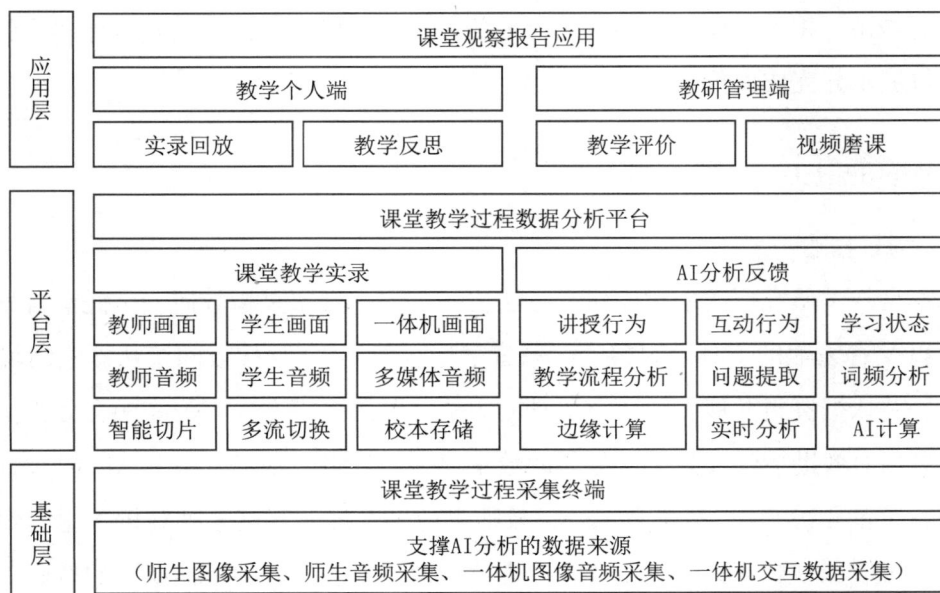

图 3-9　希沃智能化课堂教学评价技术方案

3.2.5 AI 赋能校园安全

3.2.5.1 场景描述

近年来，各地校园重大安全事故层出不穷，校园安全问题已成为社会各界关注的热点。校园的安保工作一直是校园管理工作的重要组成部分，是学校工作有序、正常运行的保障，与学校平稳发展息息相关。随着社会形势的不断发展，以及校园内部不同场景化需求，校园安保工作也迎来了许多新的挑战。近十年来，以视频监控系统为核心的平安校园项目建设已在学校范围内初步构建起覆盖公共区域、重点区域的监控网络，为学校的安防提供了强有力的监控武器。然而，传统安防系统还存在着诸多问题，需要通过引入新技术和提升系统的智能化水平来解决。

3.2.5.2 典型案例

北京师范大学第二附属中学结合当前的政策指导，遵循智慧校园的建设指南，结合前沿的人工智能技术，通过人／车／非识别、图形检索、行为分析、轨迹分析等智能算法，在学校原有安防系统基础上，进行智能化改造升级，做到事前有预警、事后易追溯，从安全管理的效率、范围、能力等方面对学校安全防范能力做进一步提升（见图 3-10、3-11）。

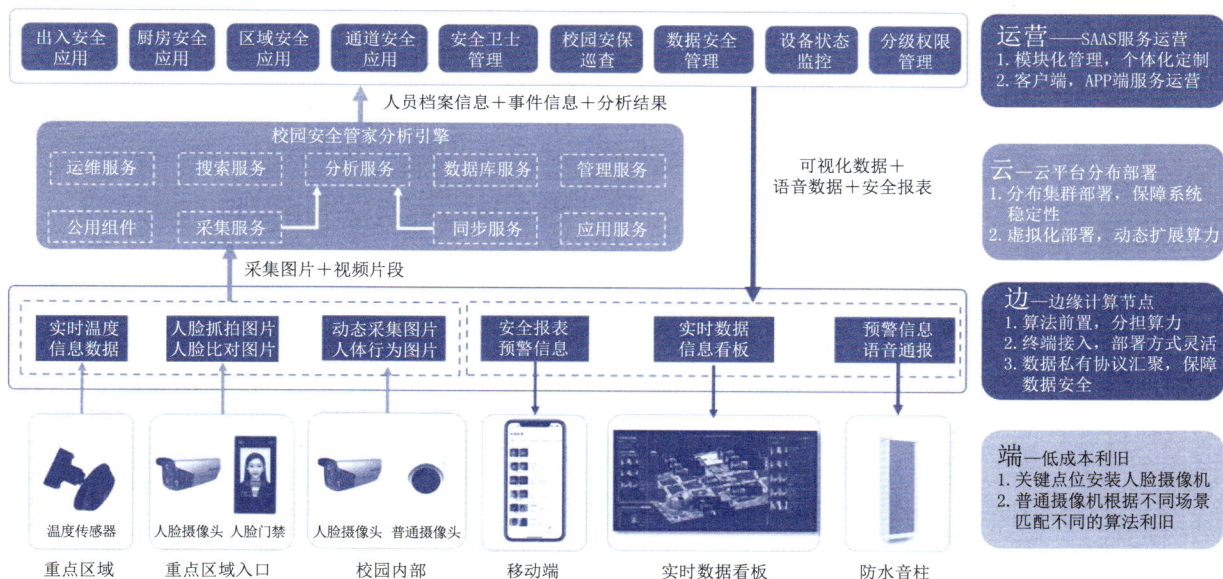

图 3-10　北京师范大学第二附属中学智能安全方案

攀爬围栏示意图　　　　　　　　　　　　　翻越围墙示意图

人员聚集示意图　　　　　　　　　　　　　抽烟检测示意图

图 3-11　北京师范大学附属第二中学智能安全典型行为分析

3.2.6　数字孪生教育管理

3.2.6.1　场景描述

数字孪生赋能教育管理场景是指利用数字孪生技术，将教育管理的物理空间和数字空间有机衔接起来，实现教育管理的智能化和创新化（见图 3-12）。在数字孪生技术赋能下，通过三维建模、渲染、仿真等技术，构建教育管理的数字孪生模型，实现教育管理的全方位、多维度、实时展示，提供模型驱动的教育监测、教育评估和教育优化，实现教育管理的可视化、动态化和智能化。通过数据交换、信息共享、知识协作等方式，构建教育管理的数字孪生平台，实现教育管理的跨部门、跨层级、跨地区协作，提供反馈驱动的教育创新、教育改革和教育发展。

3.2.6.2　典型案例

上海市卢湾一中心实验小学通过全面运用物联网、大数据、云计算、人工智能、移动互联等新兴信息技术，构建数字校园、数字教学、数字学生"三数"体系的智能感知环境和新型的教育教学空间，促进学校教学、教研、教育管理、因材施教等方面的流程再造与系统重构，实现信息技术与教育教学的深度融合，提高教育教学质量和教育管理决策水平，形成"可感知、可诊断、可分析、可预警、可扩展"的智慧校园生态，践行学校办学理念，在新时代发挥新能效。

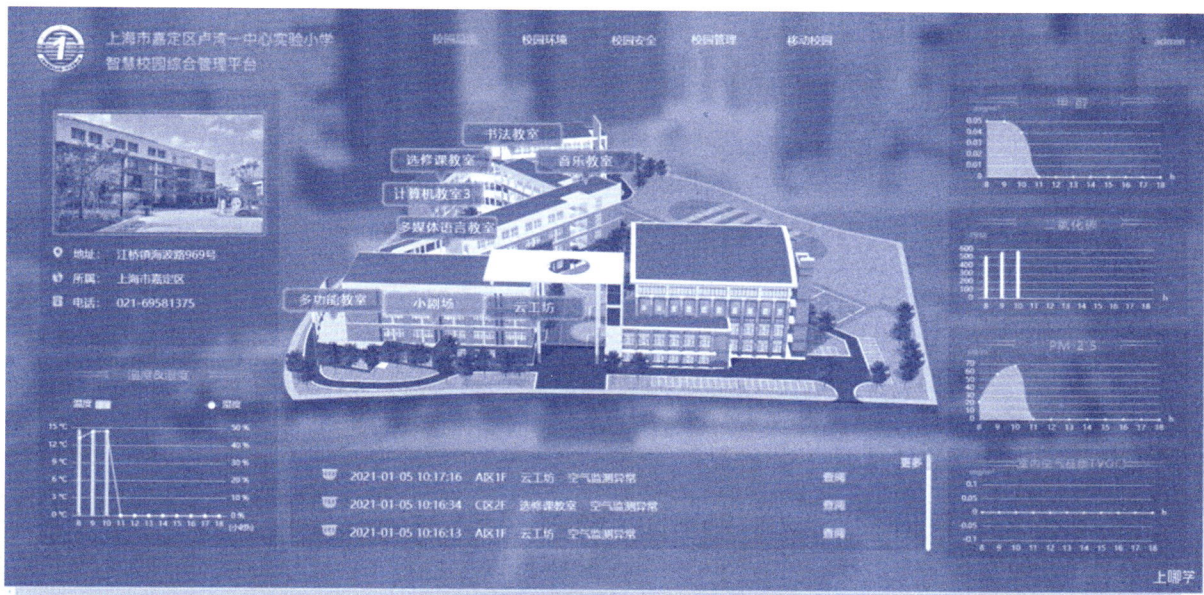

图 3-12　上海市卢湾一中心实验小学数字孪生管理界面

通过完善校内物联网，整体架构包含数字校园系统、接入网络、校园视频同步传输平台、校园综合管理分析平台、数据可视化系统、数字教学系统等模块，实现智能、协同、全面、共享、有效的教育教学新生态。学校的数字校园系统包括无线烟雾监测、室内温度监测、教室空气监测与净化、教室小剧场灯光自动调节、无线水压监测、无线井盖监测、无线燃气监测、贵重资产追踪管理物联应用场景；同时还建设了校园综合管理分析平台，对学校基础设施、物联感知设备、安全设备、教学服务、教学数据等进行统一管理。通过校园综合管理分析平台，将采集到的底层物联设备的感知数据，汇总到数据可视化系统，通过大屏三维立体地展示校园地图，校园物联场景数据展示及综合分析。

3.2.7　智能后勤

3.2.7.1　场景描述

利用人工智能技术，实现校园后勤的数据化、精准化、科学化的管理，提供数据驱动的后勤决策、后勤治理、后勤服务等功能，对校园后勤的各个环节进行智能化的优化和创新，可以提高后勤管理的效率和质量，实现后勤服务的个性化、差异化、情境化，提高后勤服务的质量和满意度，满足师生的多样化需求，增强师生的幸福感和归属感。

3.2.7.2　典型案例

浙江省教育厅积极推进"校园安心就餐系统"建设，该项目通过数字赋能、系统重塑的实践路径，协同多方力量，以"小食堂"撬动"大民生"，以安全、营养、美味、清廉食堂建设为切入点，以"学生舒心、家长放心、食堂省心、学校安心"的"四心智慧食堂"理念，重建了现代化校园食堂新生态，努力实现用数字技术点亮"暖心教育"和用一流服务办人民满意教育的办学理想。"校园安心就餐系统"项目重点建设了五大应用场景。一是在线订餐场景应用。学校提前一周在平台发布菜谱和套餐，学生、家长可通过"浙里办""浙政钉""微信"和电子班牌等入口提前一周进行线上订餐，灵活选择心仪菜品，有效解决传统点餐模式下分批就餐导致晚来学生无法随心点餐的问题，让"学生吃得舒心"。二是刷脸取餐场景应用。食堂取餐窗口安装刷脸终端，学生刷脸后关联到订餐数据，食堂工作人员根据订餐数据快速配餐，自动扣费，即取即走，取餐时间平均每人缩短 5 秒钟，基本可以消除用餐高峰期的拥挤现象，大幅提升就餐体验，让"学生用得舒心"。三是营养报告场景应用。基于就餐后台大数据，归集用户个人用餐数据，以天、周、月为统计周期分类统计学生碳水化合物、蛋白质、脂肪、纤维素等四类营养元素摄入量，为每人自动生成一份营养报告单，形成可视化图谱，结合学生个人身体数据与《中国学龄儿童健康膳食指南》标准数据比对，对摄入过高或过低的部分进行红色预警，及时向家长、学校提供膳食营养搭配建议，并通过大数据自动生成推荐套餐，方便学生家长订餐，让"家长放心"。四是食材管控场景应用。根据学生选购订单精准采购食材，依托"校园安心就餐系统"服务端统一对接经审核有资质的食材类、米面油类供应商进行配送；并对接市场监管部门，以"阳光食堂"为载体，在食品仓库等关键区间安装高清摄像头，精准定位记录食材配送车辆的行驶轨迹，在应用端实时清晰监测食品来源，大幅提升安全监管水平，让"食堂省心"。五是清廉食堂场景应用。实施线上多方联动管理，集成食材采购、营养订餐、食堂管理等应用场景，形成"数据管人、流程管事"的新模式，有效提升食堂规范管理水平，为食堂廉政管理提供了有力保障。目前各试点学校食堂就餐率快速增长，学生、家长、社会对食堂满意度大幅度提升，五星好评率从 80% 提升至 95%。

3.2.8 智能教研

3.2.8.1 场景描述

智能教研是指利用人工智能技术和教育理论，对教育教学过程进行智能化的分析、支持和优化，实现教师教学能力的提升和教学质量提高的教研模式。智能教研以数据为基础，通过数据采集、数据分析、数据挖掘等技术，实现对教育教学的全面、深入、动态的观察和评价，为教研活动提供科学的依据和指导，以模型为工具，通过机器学习、深度学习、知识图谱等技术，构建教育教学的智能模型，实现对教育教学的有效预测和推荐，为教研活动提供智能辅助和支持。以平台为载体，通过云计算、物联网、区块链等技术，构建教育教学的智能平台，实现教育教学的协同共享和创新，为教研活动提供开放的环境和资源。

3.2.8.2　案例描述

北京师范大学未来教育高精尖中心"智慧教研"项目，借助教研空间和听课本 APP 贯穿教师教学课前、课中、课后全业务流程，教研专家全程参与，为教师提供智慧教研理论、技术、模式三个层面的体验式培训，设计本地化的智慧教研模式与方法。课前，教师借助教研空间进行自主备课或协同备课，平台提供丰富的备课案例库；课中，听课教师通过听课本 APP 对授课教师进行全方位评价，包含主动评价和量表评价；课后，教研空间对听课教师评价大数据进行深度挖掘分析和量表评价分析，发现教师授课薄弱点，系统智能推荐教学案例供授课教师学习参考，从而实现教师专业素养的全面提升。

3.3　人工智能赋能基础教育的阶段性价值追求

3.3.1　人工智能赋能基础教育场景成熟度模型

场景驱动是本轮人工智能发展热潮的重要特征之一，对人工智能赋能基础教育场景成熟度进行评价，有助于更好地研判应用场景所处的状态或发展阶段，进而探讨各种因素对这一状态或阶段的影响程度。人工智能赋能基础教育场景成熟度模型是一个基础性和引导性工具，可以作为评判依据来引导教育改革实践。本报告结合现有研究成果和场景特征，从教育需求、技术健全程度和生态完备程度三个维度提出了人工智能赋能基础教育场景成熟度模型（见表 3-4），以期为后续场景研发提供指引。

表 3-4　人工智能赋能基础教育场景成熟度模型

一　级　维　度	二　级　维　度
教育需求	政策牵引程度
	师生的需求程度
	学界关注程度
技术健全程度	技术所处阶段
	产品的丰富度
	技术的稳定性
	用户体验
	部署成本

续　表

一 级 维 度	二 级 维 度
	场景普及
	供给能力
生态完备程度	基础设施
	支持人员
	师生素养
	管理规范

3.3.2　人工智能赋能基础教育阶段性趋势

3.3.2.1　有效赋能教学和评价等重点难点

人工智能可以通过智能辅助、虚实融合、精准匹配等方式，帮助教师提高教学效率和质量，实现个性化、差异化、适应性的教学。人工智能也可以通过智能评测、智能诊断、智能反馈等方式，帮助教师和学生及时了解学习情况和进展，实现动态、全面、科学的评价。

3.3.2.2　促进基础教育提质扩优

人工智能可以通过智能推荐、智能搜寻、智能组织等方式，帮助教师和学生获取优质的数字教育资源，实现资源的丰富性和多样性。人工智能也可以通过智能分析、智能优化、智能管理等方式，帮助教育管理者和决策者提高教育治理的水平，实现教育的公平和开放。

3.3.2.3　加强技术的安全和合理使用

人工智能可以通过智能识别、智能防护、智能监督等方式，帮助教师和学生防范和应对网络安全风险，实现技术的安全和可信。人工智能也可以通过智能引导、智能调节、智能协作等方式，帮助教师和学生培养和提高技术的使用能力和素养，实现技术的合理和高效。

3.3.2.4　提升师生的智能素养

人工智能可以通过智能教学、智能实践、智能评估等方式，帮助教师和学生学习并掌握人工智能的基本知识和技能，实现智能的认知和应用。人工智能也可以通过智能激励、智能支持、智能反思等方式，帮助教师和学生培养并提高人工智能的创新思维和道德意识。

3.3.2.5　加快数字时代的教育转型

人工智能可以通过智能连接、智能拓展、智能变革等方式，帮助教师和学生适应和应对数字时代的教育需求和挑战，实现教育的变革和创新。人工智能也可以通过智能融合、智能协同、智能共享等方式，帮助教师和学生构建并发展数字时代的教育生态和文化，实现教育的协作和共赢。

第四章

CHAPTER 4
人工智能教育发展的关键问题

4.1　人工智能思维：概念有待界定

在信息技术课程的编程教学内容发展历程中，从最初的程序编写教学逐渐转变为对计算思维的重视，这一转变过程经历了较为漫长且逐步深化的发展阶段。在此期间，计算思维逐渐明晰化的界定与认识，标志着从纯粹的编程技能教学向培养学生的综合思维能力的转变。类似地，在人工智能教育领域，尽管目前普遍认同了对人工智能思维的培养方向，但对人工智能思维的具体界定与描述还存在一定的模糊性。为了更有效地指导人工智能课程，不仅需要进一步明确人工智能思维的定义和特征，还需要确保教育内容和方法能够系统地促进思维能力与素养的综合培养。通过这种方式，人工智能教育将不再局限于技术技能的传授，而是向着培养学生在解决复杂问题时所需的综合能力和素养的更广阔领域发展。

4.2　人工智能培训：内容有待丰富

在当前教育领域，尽管已经制定了一些旨在提高教师人工智能素养的标准，但现有的人工智能教师培训体系整体而言并不充分，且其所提供的培训课程与既定的人工智能素养标准之间存在显著的不连贯性。鉴于人工智能在增强学生信息科技应用能力和学习能力方面的潜力日益显著，优化基于教师人工智能素养标准的培训体系，将成为类似于"人工智能助力教师队伍建设"等项目实施的关键措施。通过这种方式，不仅可以更有效地弥补培训内容与素养标准之间的差距，而且可以确保教师队伍在应对人工智能带来的教育变革时更具备适应性和创新性。这种对培训体系的优化不仅强调了教师在技术领域的专业发展，还凸显了其在引导和支持学生在人工智能时代中学习和成长的重要角色。

4.3　人工智能应用：典型有待推广

在过去几年中，人工智能教育领域经历了显著的发展，受到了政府、学校以及教师个体的多方面推动，孕育出了一系列典型的应用案例。这些案例在不同的应用层面展示了多样化的实践成果，包括"智慧教育示范区"在区域层面的成就，"基于教学改革融合信息技术的新型教与学模式实验区"在课堂教学上的创新成果，以及"人工智能助力教师队伍建设"的教师发展成果等。这些成果不仅涵盖了不同的人群，而且展现了多维度的典型案例。

在人工智能应用的热情持续上升的背景下，系统地梳理这些典型案例，并推广系列化成果，将成为推动人工智能教育应用的一种有效手段。这种做法不仅有助于凸显最佳实践和创新方法，还能为未来的教育策略和实施提供重要的参考。然而，目前在系统化梳理和推广优秀成果方面仍有所欠缺。未来的工作需要进一步强化这些成果的系统化整合和广泛推广，以确保人工智能教育的有效发展和持续创新。通过这种方式，我们可以更全面地理解人工智能教育在不同环境下的实施效果，并为其在更广泛范围内的应用奠定坚实的基础。

4.4　人工智能伦理：风险有待预警

生成式人工智能在教育领域的应用预示着对传统的教学和学习模式的根本性改变。当前，大多数教师对于以大型模型为基础的教学模式尚未做好充分的准备。生成式人工智能融入教学过程，将导致教师角色和地位的显著转变。此外，这项技术对学生逻辑思维和创造力培养会产生一定的潜在影响，教师有待提升这方面的认识。

当前，对于生成式人工智能的伦理、方法论等方面的系统化梳理，以及面对这些风险挑战的应对策略的准备，是教育领域中的一个显著缺口。因此，教育行政部门和研究机构需要加强在这一领域的研究和准备工作，以便更好地理解和应对生成式人工智能带来的挑战和机遇。这包括对教师进行专业发展培训，加强对学生学习过程的理解，以及制定相关的伦理和实践指南。通过这些努力，可以让教育领域适应人工智能时代的变化，并且能够充分利用这些先进技术为教育目标服务。

4.5　人工智能普及：观念有待改变

在当前的基础教育领域，人工智能的应用主要集中在管理工作上，而在教学和学生学习方面的应用则相对较少。特别是生成式人工智能在创造新教学场景方面的应用，其推广和实施受到传统观念的显著制约，这构成了人工智能进入教学场景的主要障碍。

为了适应新课程标准中对学科核心素养的培养要求，以及促进项目学习在学科教学中的应用并提高对学生学习的个性化关注，教师需要更新其对教学和学习过程的认识。这包括了解生成式人工智能在落实新教育理念方面的优势，掌握新型教与学模式并以新的观念创造新的教育场景。为此，教育部门应当积极创造条件，引导教师改变观念，以适应生成式人工智能在教育数字化转型过程中带来的深远变革。这种变革不仅需要技术和资源的投入，还需要对教育体系中的观念和实践进行根本性的更新，确保教育系统能够充分利用人工智能技术，以更有效地满足 21 世纪教育的需求。

第五章

CHAPTER 5
人工智能教育发展趋势

生成式人工智能的发展，对基础教育领域教学场景的应用、教师数字能力的要求、学生数字素养的发展均带来了改变。在教育数字化转型的背景下，人工智能对教育将产生更深层的推动，同时构建更多的新场景以适应数字社会中教育的发展。同时，基于人工智能的学生学习将更能够关注学生的个性化，从而体现均衡。

5.1 人工智能在基础教育领域的应用更成熟和冷静

自 2017 年发布《新一代人工智能发展规划》至今，学术界研究积累逐步成熟，一方面体现在研究的逐步深入，另一方面相关研究更加聚焦和冷静。

人工智能教育在一线教学中的覆盖面逐步扩大，对信息科技学科内容的影响也逐步深入，人工智能技术支持下的信息科技教育各个部分也逐步显现人工智能特征。随之产生的人工智能伦理、自主可控等要求，也进一步从技术视角上升到思维、素养视角。

针对学生的人工智能课程教育已经不再是仅服务于数字素养、信息素养、计算思维的培养，基于人工智能思维的新时代要求逐步明确，以人工智能思维应用的多维度学生实践，也将进一步体现人工智能的价值。

针对义务教育信息科技课程和各地区地方人工智能课程教材的编制，也将进一步明确人工智能教育的核心价值，教学内容将更加符合学生的认知水平和社会发展实际，教学内容也更能体现人工智能技术的发展和技术的核心本质（见图 5-1）。

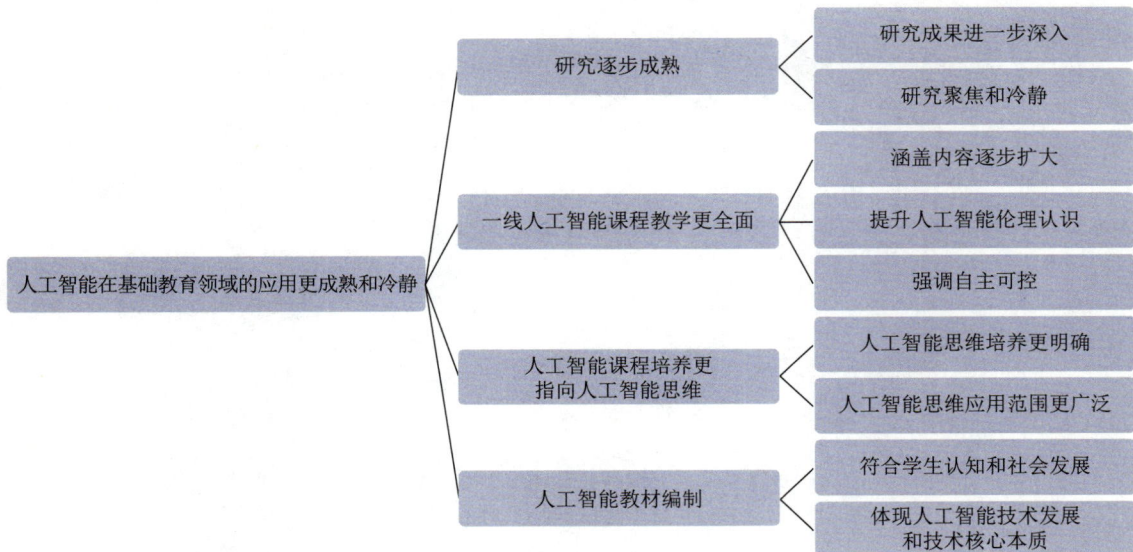

图 5-1 人工智能应用更成熟和冷静

5.2　生成式人工智能促进教育数字化转型

随着生成式人工智能的发展，以数字孪生为代表的物理世界和数字世界的结合，为今后教育数字化转型提供了新的应用模式。生成式人工智能技术在教育场景中将进一步扩大对教育管理、教师教学、学生学习的支持，同时以生成式人工智能技术支持的学生个性化学习，将为支持教育公平和教育均衡起到重要作用（见图 5-2）。

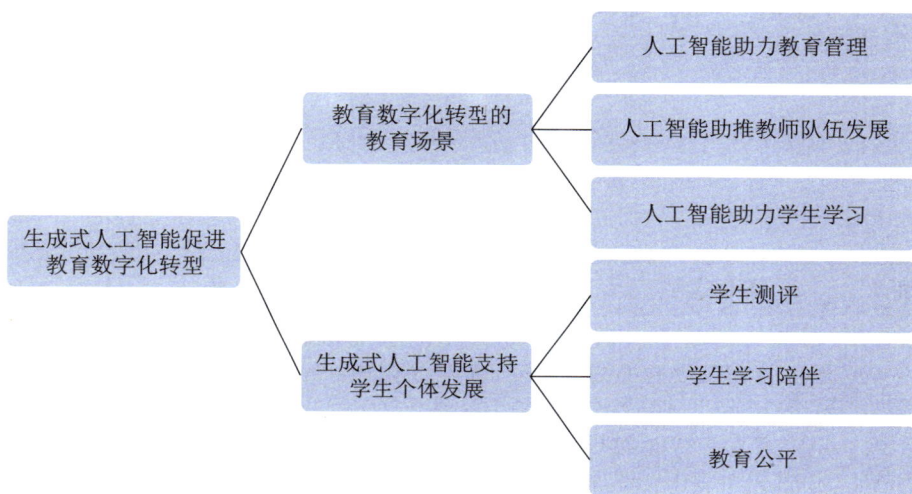

图 5-2　生成式人工智能促进教育数字化转型

生成式人工智能的发展，将影响人工智能课程教育的内容与目标，并对学生依托人工智能技术手段开展的学习活动产生深远的影响。学生学习的资源、学习陪伴、学习互动和检测，将因大模型的出现生成新的模式与新的学习场景。教师的教学也将因此产生改变，学生学习活动设计、教学组织以及教师自身的发展均会发生重构。教育数字化转型将因生成式人工智能而被推向新的高度。

附录：2022—2023 年人工智能教育（基础教育）领域发展大事记

序号	时间	事件名称	摘　　要	领域类型
1	2022 年 1 月 14 日	浙江省人民政府办公厅关于印发建设杭州国家人工智能创新应用先导区行动计划（2022—2024 年）的通知	《通知》提出，加快推动人工智能在医疗、教育、文旅、养老、金融等民生重点领域应用，支持行业领军企业开展多元化场景应用，持续探索新型应用模式。推动人工智能开放平台、行业大数据中心、典型应用场景深度融合，到 2024 年，在智慧医疗、智慧教育、智慧养老、智慧文旅、新零售等领域形成一批可复制推广的人工智能应用解决方案	地方政策
2	2022 年 3 月 24 日	《中小学人工智能教师能力标准（试行）》发布	《标准》从人工智能理解与意识、基本知识、基本技能、问题解决、教学实践、伦理与安全 6 个维度提出了 18 项基本技能要求，为中小学人工智能教师培养、评价等工作提供了参考依据	教育会议
3	2022 年 3 月 24 日	人工智能教育研讨会暨《中小学人工智能教师能力标准（试行）》《2022 年人工智能教育蓝皮书》成果发布会	《蓝皮书》建议，可从以下几方面重点考虑：一是构建公平而有质量的人工智能教育生态系统；二是提高教师应用人工智能教育技术的能力；三是推动学校教育评价改革，完善学生评价机制	教育会议
4	2022 年 3 月 25 日	《义务教育信息科技课程标准（2022 年版）》发布	《义务教育信息科技课程标准（2022 版）》提出，以数据、算法、网络、信息处理、信息安全、人工智能为课程逻辑主线，按照义务教育阶段学生的认知发展规律，统筹安排各学段学习内容。要求学生，正确应对人工智能对社会的影响，认识到人工智能对伦理与安全的挑战	国家政策

序号	时间	事件名称	摘　　要	领域类型
5	2022 年 7 月 11 日	广州市教育局关于启动 1—8 年级人工智能教育普及工作的通知	《通知》要求，将广东省教育厅审核通过的涵盖 3 年级到 8 年级，共 12 册的《人工智能》教材纳入 2022 年义务教育免费教材目录，1—2 年级采用视频授课的模式，开设人工智能教育启蒙课程；3—8 年级基于《人工智能》教材及市统一提供的配套教学资源，开设人工智能课程，重点开展人工智能通识教育；建设"广州中小学人工智能教学平台"虚拟资源；对于硬件设备不达标的学校，由区会同学校提出解决方案，进行升级	地方政策
6	2022 年 7 月 27 日	关于印发《人工智能领域研究生指导性培养方案（试行）》的通知	提出了人工智能基础理论、人工智能共性技术、人工智能支撑技术、人工智能应用技术、人工智能与智能社会治理相关研究方向，并给出了课程体系、核心课程参考建议	国家政策
7	2022 年 7 月 29 日	科技部等六部门关于印发《关于加快场景创新以人工智能高水平应用促进经济高质量发展的指导意见》的通知	以促进人工智能与实体经济深度融合为主线，以推动场景资源开放、提升场景创新能力为方向，强化主体培育、加大应用示范、创新体制机制、完善场景生态，加速人工智能技术攻关、产品开发和产业培育，探索人工智能发展新模式新路径，以人工智能高水平应用促进经济高质量发展	国家政策
8	2022 年 8 月 12 日	科技部关于支持建设新一代人工智能示范应用场景的通知	坚持面向世界科技前沿、面向经济主战场、面向国家重大需求、面向人民生命健康，充分发挥人工智能赋能经济社会发展的作用，围绕构建全链条、全过程的人工智能行业应用生态，支持一批基础较好的人工智能应用场景，加强研发上下游配合与新技术集成，打造形成一批可复制、可推广的标杆型示范应用场景。首批支持建设十个示范应用场景	国家政策
9	2022 年 9 月 5 日	《深圳经济特区人工智能产业促进条例》公布	《条例》提出，支持本地高等院校开设人工智能相关学科和交叉学科，鼓励企业创办研究机构、与学校联合建设实验室，建立产学研合作复合型人才培养模式。推动开展人工智能基础教育和应用型职业技能教育。加强人工智能伦理安全规范和社会价值观引导，开展人工智能知识宣传、教育、培训、科普	地方政策
10	2022 年 9 月 16 日	联合国教育变革峰会	联合国秘书长古特雷斯敦促在五个方面推动教育变革：首先是确保所有人，包括女童获得优质教育的权利。其次，重视教师的作用和技能培养。第三，学校应成为安全、健康的空间，绝不容忍暴力、羞辱和恐吓行为。第四，数字革命应当惠及所有学习者。第五，加大教育筹资并加强全球团结	国际会议

续　表

序号	时间	事件名称	摘　要	领域类型
11	2022 年 9 月 22 日	《上海市促进人工智能产业发展条例》通过	《条例》第五十六条提出，本市推动人工智能常态化融入教学、管理、资源建设等全流程应用，建立与智能时代相匹配的新型现代教育体系和创新人才培养体系；构建数字孪生学校，探索数字化实验、实训、场馆等应用建设；探索应用人工智能技术丰富教育资源供给，建设智能化开放教育资源平台 本市鼓励教育机构、企业等在多种学习场景中提供智能化、精准化、个性化服务，助力智能教育生态环境建设	地方政策
12	2022 年 9 月 28 日	教育部办公厅关于公布 2022—2025 学年面向中小学生的全国性竞赛活动的通知	确定全国青少年人工智能创新挑战赛等 44 项竞赛活动为 2022—2025 学年面向中小学生的全国性竞赛活动，举办时间原则上为 2022 年 9 月至 2025 年 8 月	国家政策
13	2022 年 12 月 5 日	2022 国际人工智能与教育会议	由中华人民共和国教育部、中国联合国教科文组织全国委员会与联合国教科文组织共同主办的 2022 国际人工智能与教育会议以线上方式举行。中国教育部部长怀进鹏表示，中国政府始终坚持将教育摆在经济社会发展的优先位置，将教师队伍建设作为教育发展的基础性工作，高度重视人工智能技术带来的变革性影响，重视数字时代教师队伍的建设、发展和福祉保障，通过应用技术推进教育优质均衡、优化教育治理模式、赋能教师专业发展等，推动构建更加公平、全纳、富有韧性的教育体系	教育会议
14	2022 年 12 月 12 日	南京市政府关于印发南京国家人工智能创新应用先导区建设实施方案的通知	《方案》提出，培育一批智能场景和人工智能精准赋能标杆。发挥在宁高校创新资源和产业基础优势，推进国内外有关领域"链主"企业、独角兽企业、创新型企业共同参与场景建设。围绕制造、能源、文旅、消费、教育、卫生 6 大领域，深挖场景资源潜力，打造一批优质标杆智能场景。教育领域积极探索智慧课堂、仿真实训、智慧教研室、智慧校园等智能场景	地方政策
15	2023 年 2 月 13 日	《2022 年北京人工智能产业发展白皮书》发布	北京市经济和信息化局发布《白皮书》，《白皮书》显示，截至 2022 年 10 月，北京拥有人工智能核心企业 1048 家，占我国人工智能企业总量的 29%，位列全国第一，核心区产业集聚能力全国第一，已经形成了全栈式的人工智能产业链	地方政策
16	2023 年 7 月 10 日	《生成式人工智能服务管理暂行办法》公布	《暂行办法》首次明确了生成式人工智能"提供者"在内容生产、数据保护、隐私安全等方面的法定责任及法律依据，确立了人工智能产品的安全评估规定及管理办法	国家政策